Addolorata Vantaggiato

BRAVO ANCH'IO!

Guida operativa di didattica facile

LIVELLO
1

VISIONE
SCUOLA

ADDOLORATA VANTAGGIATO

Dirigente Scolastico e Tutor Organizzatore di Scienze della Formazione Primaria presso l'Università del Salento. Pedagogista e già Docente Specializzata per il sostegno didattico presso l'Università Cattolica di Milano, con esperienza decennale alle spalle. Svolge da anni il ruolo di formatrice nell'ambito dei bisogni educativi speciali e delle nuove tecnologie presso le Università e le Istituzioni Scolastiche di ogni ordine e grado. Specializzata con master in *Didattica e Psicopedagogia dei Disturbi Specifici di Apprendimento* e in *Didattica e psicopedagogia per alunni con ADHD* (Università del Salento), in *Le nuove competenze digitali: open education, social e mobile learning* (Università di Firenze), nonché specializzata in *Dirigenza Scolastica* (Università di Bergamo) e *Legislazione Scolastica e Management della Negoziazione* (Università di Perugia). È referente e autrice di *Buone Prassi inclusive* presentate al Convegno Internazionale della Disabilità Erickson; ha scritto diversi testi e articoli di rivista nel campo dei bisogni speciali ed è direttore del sito *Inclusività e bisogni educativi speciali*.

CONTATTI
E-mail: ada.vantag@gmail.com
Sito web: www.sostegnobes.com

Blog Inclusività e
Bisogni Educativi Speciali

Copyright © 2023 by Visione Scuola
via Regina Elena, 135 - 73017 Sannicola (LE)
Seconda edizione: Settembre 2023

ISBN: 9788894749922
www.visionescuola.net

Questo volume è frutto della
mia esperienza decennale sul
campo come docente di sostegno,
una bella sfida che ho vinto
con amore e passione con
tutti gli alunni disabili che
ho incontrato nel mio percorso,
credendoci fino in fondo.

Vincetela anche voi!

Ada Vantaggiato

INDICE

Presentazione   9

SEZIONE 1 - LINGUISTICO-COMUNICATIVA

1 - Velocizzare i processi di lettura

1.1	Pronti via ... con la lettura di sillabe in ordine	12
1.2	Pronti via ... con la lettura di sillabe in ordine	13
1.3	Pronti via ... con la lettura di sillabe in disordine	14
1.4	Pronti via ... con la lettura di sillabe in disordine	15

2 - Potenziamento lettura

2.1	Pronti via ... con le sillabe	18
2.2	Pronti via ... con le catene di parole	24
2.3	Pronti via ... con l'italiano digitale	26
2.4	Pronti via ... con il gioco della forbice	27
2.5	Pronti via ... con il riconoscimento visivo - lessicale	29
2.6	Pronti via ... con la lettura digitale	33
2.7	Pronti via ... con il riconoscimento a rovescio	34

3 - Ortografia facile

3.1	Pronti via ... con i gruppi ortografici dispettosi - GN	38
3.2	Pronti via ... con i gruppi ortografici dispettosi - SCI/SCE	44
3.3	Pronti via ... con i gruppi ortografici dispettosi - GLI	50
3.4	Pronti via ... con i gruppi ortografici dispettosi - CHI/CHE	56
3.5	Pronti via ... con i giochi ortografici dispettosi	62
3.6	Pronti via ... con le doppie	69

4 - Leggere facile

4.1	Pronti via ... con la lettura di parole	74
4.2	Pronti via ... con la lettura di frasi	76
4.3	Pronti via ... con la lettura di frasi/v-f	78
4.4	Pronti via ... dalla scelta alla lettura di frasi	81

5 - Leggere e comprendere facile
Filli il bruco

5.1	Pronti via ... con la lettura sillabica sublessicale	85
5.2	Pronti via ... con la lettura lessicale	89
5.3	Pronti via ... con la comprensione del testo	90
5.4	Pronti via ... con la successione logica	92
5.5	Pronti via ... con l'ordine logico	93
5.6	Pronti via ... con la ricostruzione del racconto	94
5.7	Pronti via ... con la verifica e l'esposizione	96

Un orso goloso

5.8	Pronti via ... con la lettura sillabica sublessicale	98
5.9	Pronti via ... con la lettura lessicale	101
5.10	Pronti via ... con la comprensione del testo	102
5.11	Pronti via ... con la successione logica	104
5.12	Pronti via ... con l'ordine logico	105
5.13	Pronti via ... con la ricostruzione del racconto	106
5.14	Pronti via ... con la verifica e l'esposizione	108

Vietato ululare

5.15	Pronti via ... con la lettura sillabica sublessicale	110
5.16	Pronti via ... con la lettura lessicale	114
5.17	Pronti via ... con la comprensione del testo	115
5.18	Pronti via ... con la successione logica	117
5.19	Pronti via ... con l'ordine logico	118
5.20	Pronti via ... con la ricostruzione del racconto	119
5.21	Pronti via ... con la verifica e l'esposizione	122

Fogliolina d'autunno

5.22	Pronti via ... con la lettura e comprensione	123
5.23	Pronti via ... con l'ordine logico	124
5.24	Pronti via ... con la scrittura facile	125
5.25	Pronti via ... con la lettura lessicale	126
5.26	Pronti via ... con la comprensione figurata	128
5.27	Pronti via ... con la comprensione	129

6 - Scrivere facile

6.1	Pronti via ... con la costruzione delle frasi	132
6.2	Pronti via ... parole per tante frasi	138
6.3	Pronti via ... con la riflessione metalinguistica	140
6.4	Pronti via ... con la descrizione tutta attaccata	143

7 - Inglese facile

7.1	Pronti via ... with the colours	148
7.2	Pronti via ... with the colours	149
7.3	Pronti via ... with my face	150
7.4	Pronti via ... with the number	151
7.5	Pronti via ... with the animals	152
7.6	English glossary	153

SEZIONE 2 - LOGICO-COGNITIVA

 8 - Gli insiemi e l'intruso

8.1   Pronti via ... con gli insiemi   156

8.2   Pronti via ... con caccia all'intruso   159

8.3   Pronti via ... adesso tocca a te   161

8.4   Pronti via ... con l'intruso lessicale   163

9 - I numeri e le operazioni

9.1   Pronti via ... con la visualizzazione di quantità   166

9.2   Pronti via ... con la lettura intuitiva della quantità (cardinalità)   169

9.3   Pronti via ... con le addizioni   174

9.4   Pronti via ... con le sottrazioni   176

9.5   Pronti via ... con le situazioni problematiche   178

9.6   Pronti via ... con la logica e la matematica digitali   180

10 - Area del tempo che passa

10.1   Pronti via ... con il tempo - La settimana del pigrone   182

10.2   Pronti via ... con il tempo - Giorni e azioni   184

10.3   Pronti via ... con la settimana   185

10.4   Pronti via ... con lunedì chiusin chiusino   186

10.5   Pronti via ... con ieri - oggi - domani   189

11 - Il pensiero computazionale

11.1   Pronti via ... con Cody Roby (scheda esempio)   195

11.2   Pronti via ... con Cody Roby 1   196

11.3   Pronti via ... con Cody Roby 2   197

11.4   Pronti via ... con Cody Roby 3   198

11.5   Pronti via ... con Cody Roby 4   199

11.6   Pronti via ... con Cody Roby 5   200

SEZIONE 3 - NEUROPSICOLOGICA

12 - Potenziamento attenzione e concentrazione

12.1   Pronti via ... con la concentrazione   202

12.2   Pronti via ... con l'attenzione   205

SEZIONE 4 - MOTORIO-PRASSICA

13 - Laboratorio del riciclo

13.1   Pronti via ... con il laboratorio d'arte - Il mare   210

13.2   Pronti via ... con il laboratorio d'arte metacognitivo   211

13.3   Pronti via ... con il laboratorio d'arte - La città   212

13.4   Pronti via ... con il laboratorio d'arte metacognitivo   213

Bibliografia   215

LASCIA UNA RECENSIONE

Grazie per aver scelto il nostro libro come supporto
alla tua attività scolastica. Presso Visione Scuola,
siamo sempre alla ricerca di feedback costruttivi
per migliorare i nostri prodotti e servizi.
Se hai suggerimenti o punti di miglioramento da
condividere, ti invitiamo a scriverci una mail a

assistenza@visionescuola.net

D'altra parte, se sei davvero soddisfatto della tua
scelta e hai trovato il manuale utile e completo,
ti chiediamo gentilmente di lasciare una
recensione a 5 stelle direttamente su Amazon.

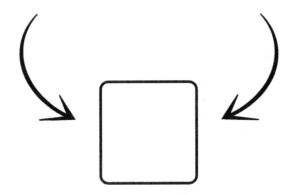

PRESENTAZIONE

Questo volume è una guida operativa per i docenti di sostegno e curricolari, per gli educatori e per tutti coloro che operano nel campo educativo-didattico, che può essere utilizzata anche dai genitori che intendono sostenere il proprio figlio a casa con attività di potenziamento, nonché direttamente dal bambino come quaderno operativo multidisciplinare a scuola.

É rivolto ad alunni di scuola primaria, con un'età compresa tra i 7 e 9 anni, o più grandi con particolari difficoltà.

Uno strumento efficace per intervenire con bambini che hanno difficoltà nella lettura, scrittura e calcolo (con disabilità, con disturbi specifici dell'apprendimento, e altri bisogni speciali), nonché nella logica, nell'attenzione e nella concentrazione.

La guida è articolata in quattro sezioni: linguistico-comunicativa, logico-cognitiva, neuropsicologica e motorio-prassica.

Nella sezione LINGUISTICO-COMUNICATIVA, viene curata la lettura sillabica sub-lessicale, la comprensione figurata del testo e la ricostruzione degli eventi, illustrata, scritta ed orale.

Seguono degli esercizi sull'ortografia, ed in particolare sui gruppi 'dispettosi, i trigrammi attraverso divertenti crucipuzzle e le doppie, con schede scandite in 'casette' sillabiche.

Si riportano delle attività di lettura facile, riguardanti la lettura di parole e di semplici frasi figurate con alternative vero falso, corrispondenza o immagine corrispondente e lettura di testi 'sillabici' scritti in stampato maiuscolo e minuscolo, quali utili forme di compensazione delle difficoltà di lettura.

Il volume prosegue con attività di scrittura facile, partendo dalla costruzione di semplice frasi coadiuvate da prompt visivi, per passare poi alla riflessione metalinguistica e alla descrizione figurata.

Trovano inoltre spazio attività facili di lingua inglese sulle parti del corpo, i numeri e gli animali, e un glossario illustrato, quale utile strumento compensativo.

Segue la seconda sezione dedicata alla dimensione COGNITIVA, con attività riguardanti gli insiemi, l'intruso, le quantità, le operazioni (addizioni e sottrazioni) e le situazioni problematiche illustrate. Vi sono poi delle attività dedicate alla concezione del tempo e alla stimolazione cognitiva sul pensiero computazionale con Cody Roby.

La terza sezione è invece dedicata alla dimensione NEUROPSICOLOGICA che vede il suo sviluppo con semplici esercizi miranti a potenziare l'attenzione e la concentrazione.

Infine la quarta sezione, MOTORIO-PRASSICA, è dedicata a laboratori creativi sull'arte del riciclo.

Vengono inoltre suggerite delle risorse gratuite on line, presenti nel sito 'Inclusività e bisogni educativi speciali' al link *www.sostegnobes.com*, attraverso cui rafforzare le competenze di base in maniera ludica e divertente.

SEZIONE 1
LINGUISTICO - COMUNICATIVA

1 - VELOCIZZARE I PROCESSI DI LETTURA

1.1 PRONTI VIA...CON LA LETTURA DI SILLABE IN ORDINE

 Leggi più veloce che puoi le sillabe almeno due o tre volte. Attento c'è un cronometro in funzione!

BA	BE	BI	BO	BU
CA	CE	CI	CO	CU
DA	DE	DI	DO	DU
FA	FE	FI	FO	FU
GA	GE	GI	GO	GU
LA	LE	LI	LO	LU
MA	ME	MI	MO	MU
NA	NE	NI	NO	NU
PA	PE	PI	PO	PU
RA	RE	RI	RO	RU
SA	SE	SI	SO	SU
TA	TE	TI	TO	TU
VA	VE	VI	VO	VU
ZA	ZE	ZI	ZO	ZU

Tempo in colonna _____

Tempo in riga _____

1.2 PRONTI VIA...CON LA LETTURA DI SILLABE IN ORDINE

 Leggi più veloce che puoi le sillabe almeno due o tre volte. Attento c'è un cronometro in funzione!

ba	be	bi	bo	bu
ca	ce	ci	co	cu
da	de	di	do	du
fa	fe	fi	fo	fu
ga	ge	gi	go	gu
la	le	li	lo	lu
ma	me	mi	mo	mu
na	ne	ni	no	nu
pa	pe	pi	po	pu
ra	re	ri	ro	ru
sa	se	si	so	su
ta	te	ti	to	tu
va	ve	vi	vo	vu
za	ze	zi	zo	zu

Tempo in colonna _____

Tempo in riga _____

1.3   PRONTI VIA...CON LA LETTURA DI SILLABE IN DISORDINE

 Leggi più veloce che puoi le sillabe almeno due o tre volte. Attento c'è un cronometro in funzione!

BA	FE	LI	CO	GE
SA	DE	CI	LU	FU
FA	CE	PI	RI	MA
NO	BE	FI	TO	RU
NE	BU	SO	TA	SU
GU	TE	ZI	LO	NA
ZA	ME	RA	PO	CU
NU	ZE	NI	DU	BI
PA	VE	DI	LA	ZU
MI	RE	GI	RO	MU
BO	SE	VO	TI	CA
GO	TU	DO	FO	VU
VA	PE	MO	SI	LE
DA	GA	ZO	VI	PU

Tempo in colonna _____

Tempo in riga _____

1.4 PRONTI VIA...CON LA LETTURA DI SILLABE IN DISORDINE

 Leggi più veloce che puoi le sillabe almeno due o tre volte. Attento c'è un cronometro in funzione!

ba	fe	li	co	ge
sa	de	ci	lu	fu
fa	ce	pi	ri	ma
no	be	fi	to	ru
ne	bu	so	ta	su
gu	te	zi	lo	na
za	me	ra	po	cu
nu	ze	ni	du	bi
pa	ve	di	la	zu
mi	re	gi	ro	mu
bo	se	vo	ti	ca
go	tu	do	fo	vu
va	pe	mo	si	le
da	ga	zo	vi	pu

Tempo in colonna _____

Tempo in riga _____

15

2 - POTENZIAMENTO LETTURA

Componi con i pezzetti di parole sparsi nella pagina i nomi delle figure.

Attenzione: ci sono delle sillabe in più.

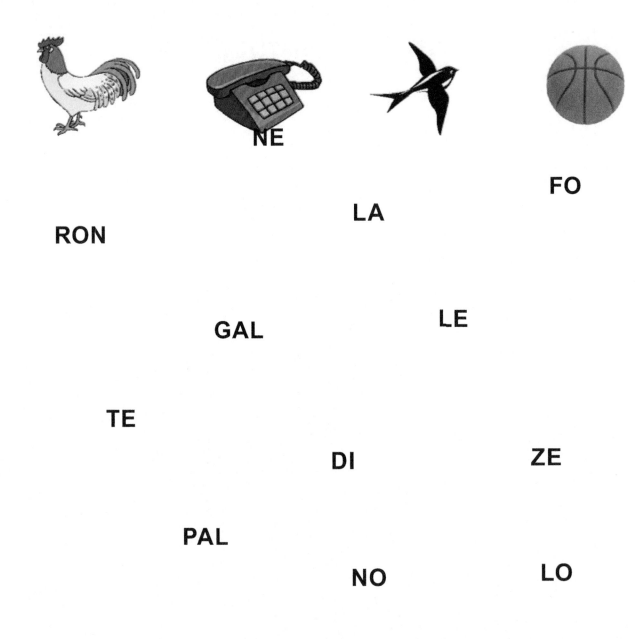

NE

FO

LA

RON

LE

GAL

TE

DI

ZE

PAL

NO

LO

ME

SI

2.1.2 PRONTI VIA...CON LE SILLABE

Componi con i pezzetti di parole sparsi nella pagina i nomi delle figure.

Attenzione: ci sono delle sillabe in più.

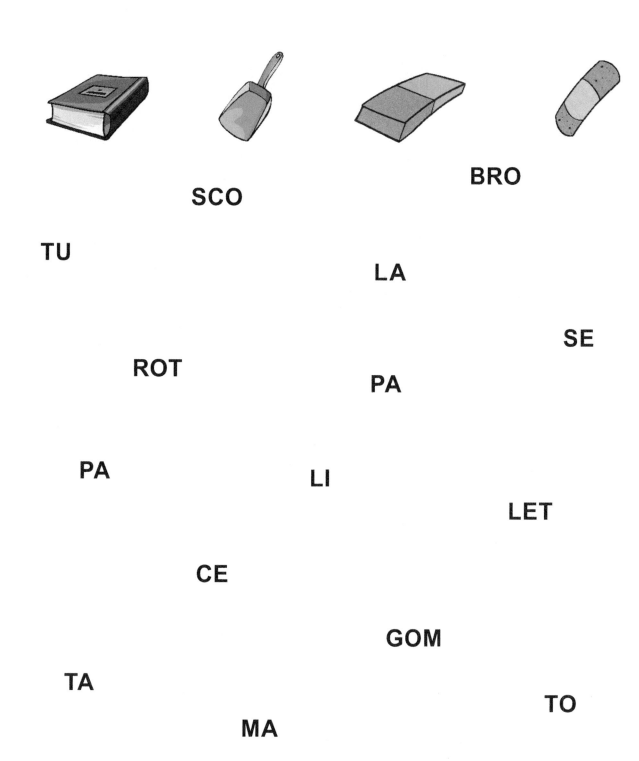

BRO

SCO

TU

LA

SE

ROT

PA

PA

LI

LET

CE

GOM

TA

TO

MA

2.1.3 PRONTI VIA...CON LE SILLABE

Componi con i pezzetti di parole sparsi nella pagina i nomi delle figure.

Attenzione: ci sono delle sillabe in più.

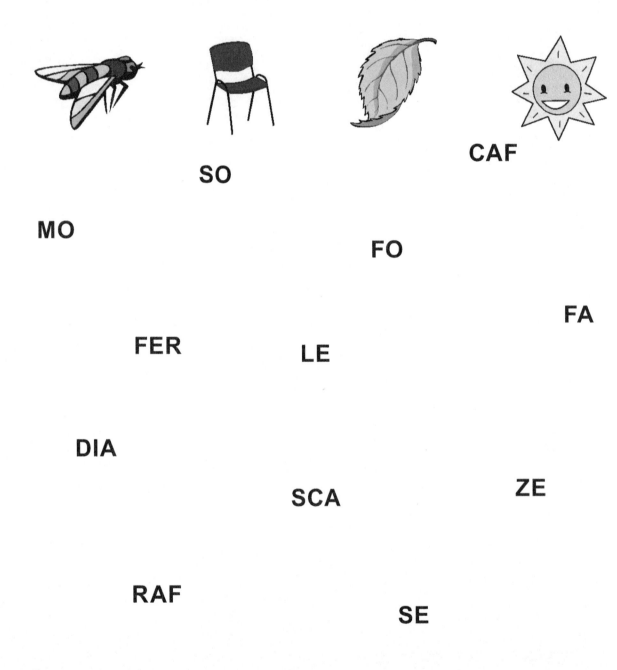

SO

CAF

MO

FO

FA

FER   LE

DIA

ZE

SCA

RAF

SE

GLIA

Ricomponi le sillabe sparse nella pagina e troverai i nomi delle figure che vedi.

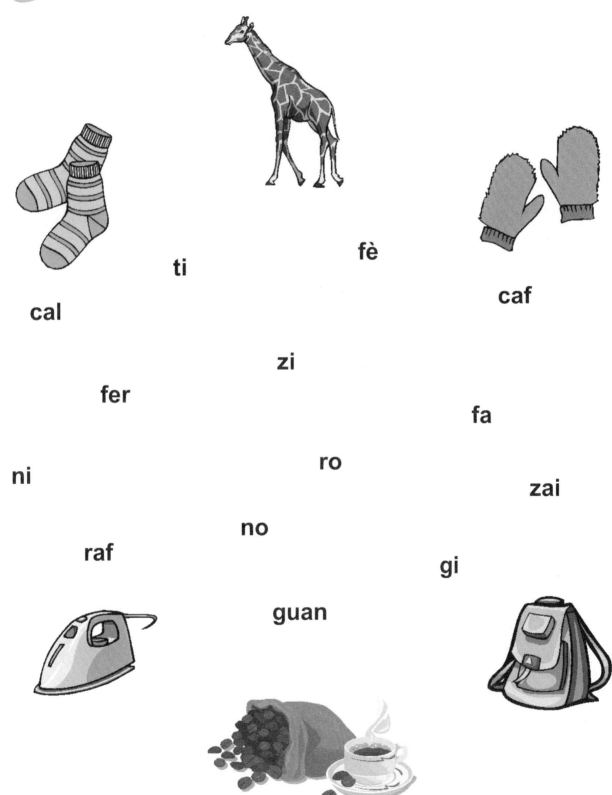

ti

fè

caf

cal

zi

fer

fa

ro

ni

zai

no

raf

gi

guan

Ricomponi le sillabe sparse nella pagina e troverai i nomi delle figure che vedi.

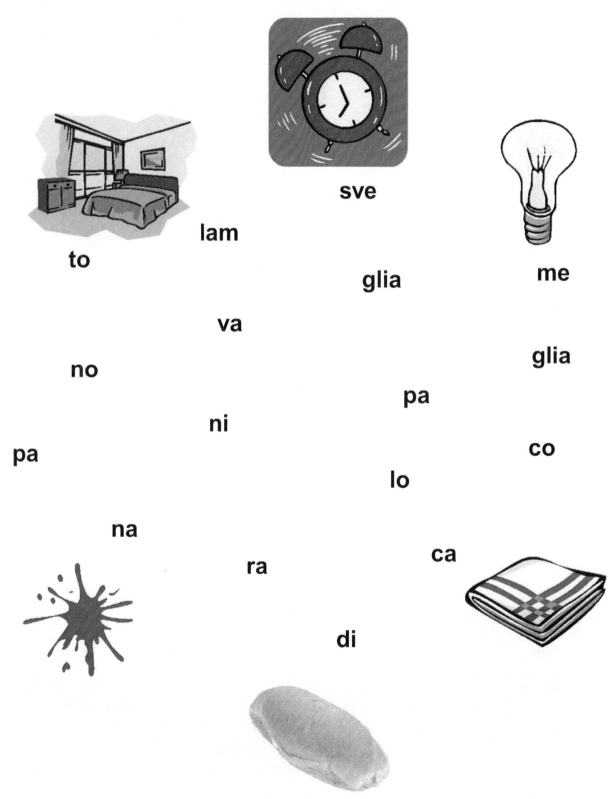

sve

lam

to

glia

me

va

glia

no

pa

ni

co

pa

lo

na

ca

ra

di

Ricomponi le sillabe sparse nella pagina e troverai i nomi delle figure che vedi.

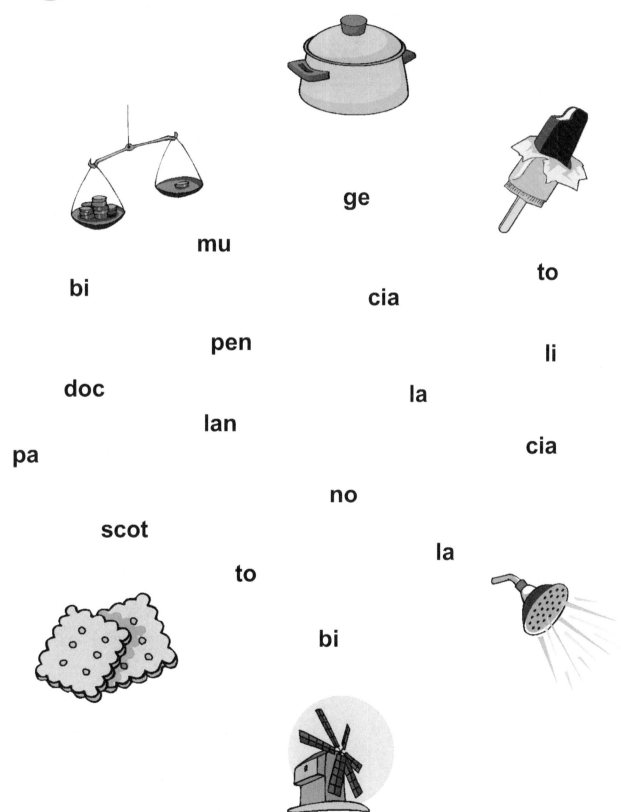

ge

mu

bi

cia

to

pen

li

doc

la

lan

cia

pa

no

scot

la

to

bi

2.2 PRONTI VIA...CON LE CATENE DI PAROLE

Con le sillabe puoi formare tante parole. Ecco un esempio.

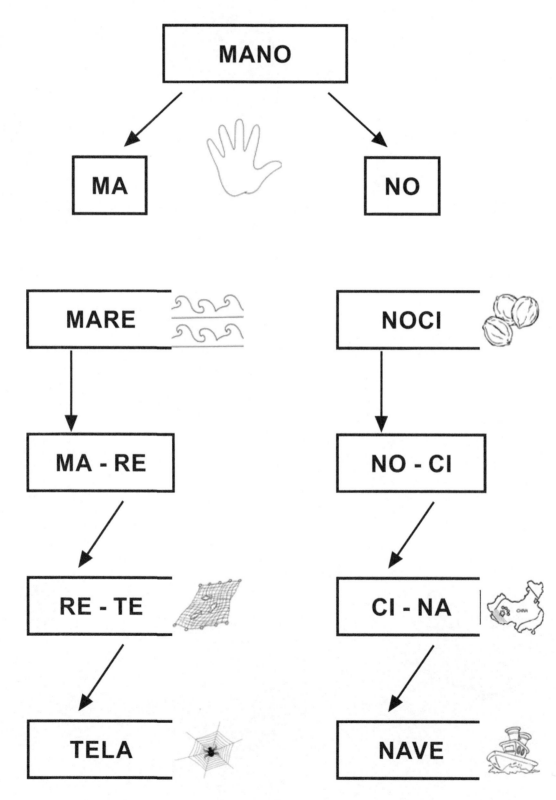

2.2.1 PRONTI VIA...CON LE CATENE DI PAROLE

 Adesso tocca a te. Forma tante parole bisillabe piane a catena (come l'esempio della scheda precedente) e illustra a fianco le parole ricavate.

NOTA BENE: fotocopia questa pagina più volte e svolgi questa attività una o due volte a settimana per un tempo di due o tre mesi. Vedrai come diventerai sempre più bravo nella lettura!

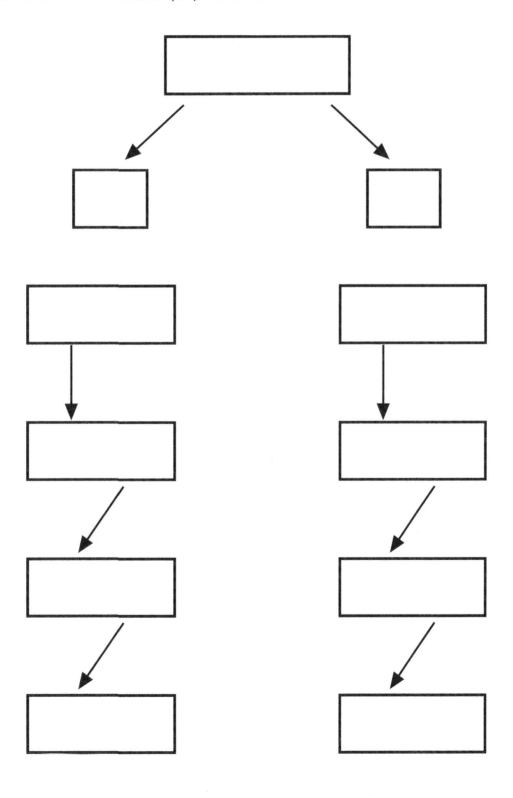

2.3 PRONTI VIA...CON L'ITALIANO DIGITALE

 Si consiglia di alternare le attività proposte con giochi didattici gratuiti online.

SEGUI LE INDICAZIONI

1. Collegati al sito *http://sostegnobes.com*

2. Accedi alla sezione "Giochi didattici".

3. Clicca la sottosezione "Italiano digitale".

4. Infine seleziona la sottosezione "Potenziare lettura e scrittura".

5. Scegli il gioco che preferisci.

OPPURE SCANSIONA IL QR CODE

Giochi didattici online

2.4 PRONTI VIA...CON IL GIOCO DELLA FORBICE

Leggi le parole e immagina di avere una forbice; 'taglia' ogni parola in modo da ottenere un'altra di senso compiuto. Scrivi sui puntini la parola ottenuta.

Es. OTTO / BRE ⟶ OTTO

PERCORSO ⟶ _____

ARCOBALENO ⟶ _____

DICEMBRE ⟶ _____

PESCIOLINO ⟶ _____

AMARE ⟶ _____

NOVEMBRE ⟶ _____

BOTTIGLIETTA ⟶ _____

FILETTO ⟶ _____

BILANCIA ⟶ _____

DITALE ⟶ _____

2.4.1 PRONTI VIA...CON IL GIOCO DELLA FORBICE

 Leggi le parole e immagina di avere una forbice; 'taglia' ogni parola in modo da ottenere un'altra di senso compiuto. Scrivi sui puntini la parola ottenuta.

Es. OTTO / BRE ⟶ OTTO

RIGHELLO ⟶ _____

LAVAGNA ⟶ _____

CANESTRO ⟶ _____

FUMARE ⟶ _____

MANIGLIA ⟶ _____

SFIDARE ⟶ _____

CONIGLIO ⟶ _____

BOTTEGA ⟶ _____

CARTELLA ⟶ _____

PIANOFORTE ⟶ _____

Leggi la prima parola di ogni riga e poi, facendo scorrere velocemente lo sguardo sulla stessa riga, cerchia tutte le parole uguali alla prima.

pizza	pizza	pizza	puzza	pazza	pizza
lettura	lettera	lettura	lettore	lettura	lettere
volare	volere	valore	volare	volare	velieri
lavagna	lavagna	lasagna	lavagna	lavagna	lasagna
torta	tita	torta	tata	torta	torta
carta	carta	corta	carta	carta	cialda
salire	saline	salire	salite	salire	salire
pesare	pesare	pesante	pesare	posare	pesare
rigo	rigo	fico	giro	rigo	rigo
cadere	cadere	cedere	caduto	cadere	cadere

2.5.1 PRONTI VIA...CON IL RICONOSCIMENTO VISIVO · LESSICALE

 Leggi la prima parola di ogni riga e poi, facendo scorrere velocemente lo sguardo sulla stessa riga, cerchia tutte le parole uguali alla prima.

panino	pennino	panino	panino	pontino	panino
votare	volare	votare	belare	volare	votare
gelare	sgolare	gelare	gelare	girare	gelare
ridere	ridere	riparo	ridere	ridere	rivedere
buca	buca	buco	cubo	buca	busta
muro	mulo	muro	muco	muro	muro
fumare	fumare	fiutare	fumare	fumare	formare
sera	sera	sara	sera	suora	sera
gelare	gelare	gelare	sgolare	girare	gelare
ridere	ridere	riparo	ridere	rivedere	ridere

2.5.2 PRONTI VIA...CON IL RICONOSCIMENTO VISIVO - LESSICALE

 Leggi la prima parola di ogni riga e poi, facendo scorrere velocemente lo sguardo sulla stessa riga, cerchia tutte le parole uguali alla prima.

canestro	canestro	castello	canestro	castro	canestro
curare	curare	curvare	correre	curare	curare
veliero	vegliare	veliero	vestito	veliero	veliero
donare	dotare	donare	donare	donare	dimora
notte	note	notte	notte	nodo	nido
pesare	pesare	pensare	pesare	pestare	pesare
fatto	fatto	fato	fata	fatto	fallo
cadere	caduto	cadente	cadere	cadere	cadere
spiaggia	pioggia	spalla	spiaggia	spada	spiaggia
bagnare	bagnare	bagnare	badare	bagnare	belare

2.5.3 PRONTI VIA...CON IL RICONOSCIMENTO VISIVO - LESSICALE

 Leggi la prima parola di ogni riga e poi, facendo scorrere velocemente lo sguardo sulla stessa riga, cerchia tutte le parole uguali alla prima.

penna	pinna	piuma	penna	pinna	panna
leggere	leggero	leggere	leggere	leggere	legare
gomma	gomma	gamma	gomma	gomma	gemma
suonare	sognare	suonare	suonare	sognare	stonare
matita	magica	matita	matita	partita	matita
nuotare	nuocere	nuotare	nuocere	nuotare	notare
stella	stella	tela	stella	stalla	tela
giocare	gioco	giocare	giacca	giudicare	giocare
renna	renna	renella	renna	rene	renna
goccia	gonna	goccia	gola	goccia	gabbia

2.6   PRONTI VIA...CON LA LETTURA DIGITALE

Si consiglia di alternare le attività proposte con la lettura al TACHISTOCO-PIO gratuito online.

TACHISTOSCOPIO è un programma molto utile per chi ha difficoltà nella lettura e scrittura e che dunque richiede delle esercitazioni assidue e mirate.

La lettura tachistoscopica, cioè rapida e temporizzata di parole, è indicata in particolare per soggetti che presentano disturbi specifici nell'utilizzo della via visiva di lettura, ma può essere utilizzata anche in chiave semplicemente esercitativo-educativa per rafforzare abilità in fase di strutturazione.

Questa risorsa è utilizzabile online, senza dover installare nulla sul personal computer.

SEGUI LE INDICAZIONI

1. Collegati al sito *http://sostegnobes.com*

2. Accedi alla sezione "Tachistoscopio gratuito on line".

3. Segui le istruzioni riportate nella pagina.

OPPURE SCANSIONA IL QR CODE

Tachistoscopio gratuito online

2.7 PRONTI VIA...CON IL RICONOSCIMENTO A ROVESCIO

Collega ogni parola con il suo rovescio.

posta	accob
zebra	atsop
becco	etes
pasta	arbez
sete	occeb
brocca	atsap

ossa	essa
cena	ila
asse	enac
assi	issa
cane	anec
ali	asso

pizza	otlas
banana	azzip
dama	azzaip
piazza	oclat
talco	amad
salto	ananab

fato	attol
pane	ollag
colla	otaf
foto	alloc
gallo	otof
lotta	enap

sole	eripac
correre	agot
sale	elos
gatto	ererroc
capire	elas
toga	ottag

figura	ela
Marco	erilas
fungo	aredef
salire	arugif
federa	ognuf
sale	ocram

2.7.1 PRONTI VIA...CON LA LETTURA A ROVESCIO

Colora di verde le parole che si possono leggere sia da sinistra che da destra (per es. ala) e scrivi a fianco una frase che contiene le stesse parole.

per

_____

_____

oro

_____

_____

afa

_____

_____

mamma

_____

_____

esse

_____

_____

pepe

_____

_____

con

_____

_____

radar

_____

_____

Colora di verde le parole che si possono leggere sia da sinistra che da destra (per es. ala) e scrivi a fianco una frase che contiene le stesse parole.

non

_____

_____

tinti

_____

_____

bob

_____

_____

osso

_____

_____

vive

_____

_____

era

_____

_____

ada

_____

_____

sub

_____

_____

3 - ORTOGRAFIA FACILE

PRONTI VIA...CON I GRUPPI ORTOGRAFICI DISPETTOSI

Osserva le figure e cerchia solo quelle il cui nome contiene il suono dato.

GN

3.1.1 PRONTI VIA...CON LA SCRITTURA AUTONOMA

Scrivi in corsivo il nome delle figure della scheda precedente.

Cerchia tutte le GN che trovi scritte in questa pagina.

GN

TR	GN	IN	GN	VN
GN	GM	GH	ED	NC
KF	VN	TN	QN	NG
TR	GN	SL	GN	GN
GN	NN	GN	GT	GO
GN	SE	GN	GE	GN
SG	GN	IT	TR	GN
NG	QA	GN	GC	GL
GN	RG	OL	NO	GN

Colora di giallo tutte le caselle che portano il suono GN e di seguito il suono ED.

GN

TR	GN	ED	GN	VN
GN	GM	GN	ED	NC
KF	VN	TN	QN	NG
TR	GN	SL	GN	ED
GN	ED	GN	GT	GO
GN	SE	GN	GE	GN
SG	GN	ED	TR	GN
NG	QA	GN	GC	GL
GN	ED	OL	NO	GN

Leggi le parole e cerchia il gruppo GN in esse contenuto.

GN

gnomo	geranio	miniera
spugna	giardino	disegno
Sonia	falegname	criniera
bagno	stagno	segno
paniere	Stefania	giugno
pigna	sogno	Daniele
regno	compagno	arnia

3.1.5 PRONTI VIA...CON LA LOGICA ORTOGRAFICA

 Classifica i nomi della scheda precedente in tabella, distinguendoli in nomi concreti e nomi astratti.

NOMI CONCRETI	NOMI ASTRATTI

Osserva le figure e cerchia solo quelle il cui nome contiene il suono dato.

SCE SCI

3.2.1 PRONTI VIA...CON LA SCRITTURA AUTONOMA

Scrivi in corsivo il nome delle figure della scheda precedente.

Cerchia tutte le SCI e le SCE che trovi scritte in questa pagina.

SCI SCE

SEI	SCE	SCA	SCE	SLI
SIC	SCE	SCI	SEC	SCI
SCI	ESC	SCI	SCT	SCU
SCA	SCE	SCI	SCE	SZQ
SEC	SCE	SCO	SCE	SFR
SCE	DAS	SCI	SIE	SCI
SCI	SCE	SCI	SCE	SOI
SCE	SCI	STI	SCE	SCI
SCJ	SCE	SCR	SCE	SCI

Colora di giallo tutte le caselle che portano il suono SCE seguito dal suono SCI.

SCI SCE

SEI	SCE	SCI	SCE	SLI
SIC	SCE	SCI	SEC	SCI
SCI	ESC	SCI	SCT	SCU
SCA	SCE	SCI	SCE	SZQ
SEC	SCE	SCO	SCE	SFR
SCE	DAS	SCI	SIE	SCI
SCI	SCE	SCI	SCE	SCI
SCI	SCI	SCI	SCE	SGI
SCE	SCI	SCR	SCE	SCJ

Leggi le parole e cerchia il gruppo SCI e SCE in esse contenuto.

SCI   SCE

pesce	mosca	scoiattolo
mascella	scivolo	ruscello
biscia	ascella	ascensore
fresca	scudo	scuro
cuscino	bosco	liscia
cassetto	liscio	scapola
scettro	scivolo	scopa

3.2.5 PRONTI VIA... CON LA MORFOLOGIA

 Classifica i nomi della scheda precedente in tabella, distinguendoli in nomi maschili e nomi femminili.

NOMI MASCHILI	NOMI FEMMINILI

3.3 PRONTI VIA...CON I GRUPPI ORTOGRAFICI DISPETTOSI

Osserva le figure e cerchia solo quelle il cui nome contiene il suono dato.

GLI

3.3.1 PRONTI VIA...CON LA SCRITTURA AUTONOMA

Scrivi in corsivo il nome delle figure della scheda precedente.

Cerchia tutte le GN che trovi scritte in questa pagina.

GLI

GLI	GLO	GNU	CHI	GLI
SER	ASF	RAF	GLI	BAL
MIL	GLI	GKI	GLI	RAF
GLI	GLE	GLI	LDO	GLI
GLI	QUE	DUG	GLI	BAL
GLI	GLW	GLI	HYT	SCT
FGE	GLI	GER	GLI	GLU
GLI	GHI	GLI	MIL	GLI
BGO	GLA	GLI	GLU	GHT

3.3.3 PRONTI VIA...CON IL POTENZIAMENTO ATTENTIVO

 Colora di giallo tutte le caselle che portano il suono GLI seguito dal suono SCI.

GLI

GLI	SCI	GNU	CHI	GLI
SER	ASF	RAF	GLI	BAL
MIL	GLI	GKI	GLI	SCI
GLI	SCI	GLI	LDO	GLI
GLI	QUE	DUG	GLI	BAL
GLI	GLW	GLI	SCI	SCT
FGE	GLI	GER	GLI	SCI
GLI	SCI	GLI	MIL	GLI
BGO	GLA	GLI	GLU	GHT

Leggi le parole e cerchia il gruppo GLI in esse contenuto.

GLI

tovagliolo	Martina	maniglia
vigilia	coniglio	stellina
paglia	quaderno	consigli
maglione	figli	coltelli
sbadigli	libreria	oliera
vocali	Alberto	foglia
libri	pentola	aglio
tovaglia	olio	germoglio

3.3.5 PRONTI VIA... CON LA MORFOLOGIA

 Classifica i nomi della scheda precedente in tabella, distinguendoli in nomi singolari e nomi plurali.

NOMI SINGOLARI	NOMI PLURALI

Osserva le figure e cerchia solo quelle il cui nome contiene il suono dato.

CHI

3.4.1 PRONTI VIA...CON LA SCRITTURA AUTONOMA

Scrivi in corsivo il nome delle figure della scheda precedente.

Cerchia tutte le CHI e CHE che trovi scritte in questa pagina.

CHI CHE

CHI	CRE	CHI	GTE	CHI
CHU	CHE	CHI	CHE	CRI
CHI	CHO	CHI	CHE	CHI
CHE	GHE	CER	CHE	CLI
CIH	CHE	CHI	CHO	CHE
CHI	LAC	CHI	CHE	CHA
CHI	CHE	GHE	BGI	CHI
LAR	CHE	CHA	SLE	CHI
CHI	MCH	CHI	GLU	CIK

Colora di giallo tutte le caselle che portano il suono CHI seguito dal suoni CHE.

CHI CHE

CHI	CHI	CHE	GTE	CHI
CHU	CHE	CHI	CHE	CRI
CHI	CHE	GLI	CHE	CHI
CHE	GHE	CHI	CHE	CLI
CIH	CHE	CHI	CHO	CHE
CHI	LAC	CHI	CHE	CHA
CHI	CHE	GHE	BGI	CHI
LAR	CHE	CHA	SLE	CHI
CHI	MCH	CHI	GLU	CIK

Leggi le parole e cerchia il gruppo CHI in esse contenuto.

CHI

giostra	chiodo	fichi
chiavi	specchio	guscio
mosca	archi	pantaloni
tappeto	pesca	foglia
lato	dischi	guanto
tastiera	occhi	tavolo
giochi	macchina	sacchi
aglio	orecchio	bicicletta

3.4.5 PRONTI VIA... CON LA MORFOLOGIA

Classifica i nomi della scheda precedente in tabella, distinguendoli in nomi maschili e nomi femminili e aggiungi l'articolo determinativo adatto.

IL   LO   LA   L'   I   GLI   LE

NOMI MASCHILI		NOMI FEMMINILI	
ART. DET.	NOME	ART. DET.	NOME

3.5 PRONTI VIA...CON I GIOCHI ORTOGRAFICI DISPETTOSI

Risolvi gli indovinelli trovando la parola corrispondente ed inseriscila nella tabella della pagina successiva.

Potrai trovare parole che contengono:

CI   CE   CHI   CHE

GI   GE   GHI   GHE

SCI   SCE

1. Fanno il latte

2. Fanno le magie

3. Si suona

4. Ti guardi per vedere se sei bello

5. Scendi scivolando

6. É il colore del sole

7. Serve per bere

8. Tesse la tela

9. Se la guardi piangi

10. Li metti se non vedi bene

3.5.1 PRONTI VIA...CON I GIOCHI ORTOGRAFICI DISPETTOSI

 Risolvi gli indovinelli trovando la parola corrispondente ed inseriscila nei riquadri.

Potrai trovare parole che contengono:

CI	CE	CHI	CHE
GI	GE	GHI	GHE
SCI	SCE		

1	M							
2	M							
3	C							
4	S							
5	S							
6	G							
7	B							
8	R							
9	C							
10	O							

3.5.2 PRONTI VIA...CON I GIOCHI ORTOGRAFICI DISPETTOSI

 Risolvi gli indovinelli trovando la parola corrispondente ed inseriscila nella tabella della pagina successiva.

Potrai trovare parole che contengono:

CI   CE   CHI   CHE
GI   GE   GHI   GHE
SCI   SCE

1. Servono per ascoltare
2. Lo metti al braccio
3. Sono dei piccoli animali neri
4. Le metti quando sei a casa
5. Lo usi per dormire
6. Ce le hai al grembiule
7. È un animale al collo lungo
8. Quando eri piccolo sei salito su
9. Se la dici ti cresce il naso
10. Si usa per accendere

3.5.3 PRONTI VIA...CON I GIOCHI ORTOGRAFICI DISPETTOSI

Risolvi gli indovinelli trovando la parola corrispondente ed inseriscila nei riquadri.

Potrai trovare parole che contengono:

CI   CE   CHI   CHE

GI   GE   GHI   GHE

SCI   SCE

1	C							
2	B							
3	F							
4	C							
5	C							
6	T							
7	G							
8	G							
9	B							
10	A							

3.5.4 PRONTI VIA...CON I GIOCHI ORTOGRAFICI DISPETTOSI

Risolvi gli indovinelli trovando la parola corrispondente ed inseriscila nella tabella della pagina successiva.

ORIZZONTALI

2 - MAGLIONE
7 - CESPUGLIO
8 - CONIGLIO
9 - BOTTIGLIA
10 - FIGLI

VERTICALI

1 - FOGLIO
2 - MAGLIETTA
3 - SVEGLIA
4 - GIGLIO

5 - FOGLIA
6 - VENTAGLIO
8 - CILIEGIA

Soluzione.

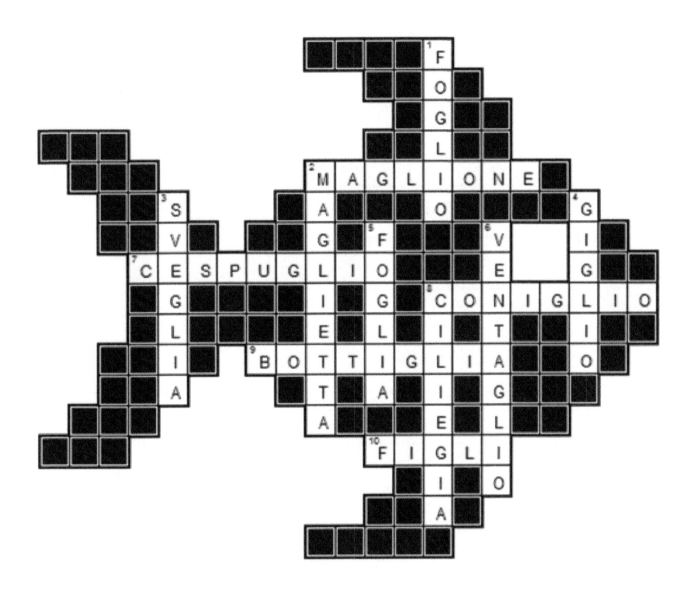

3.5.6 PRONTI VIA...CON LA SCRITTURA AUTONOMA

 Scrivi in corsivo il nome delle figure della scheda precedente.

1)

2)

3)

4)

5)

3.6 PRONTI VIA...CON LE DOPPIE

Osserva le immagini, pronuncia la parola e poni una crocetta sulla parola giusta.

	scoiatolo	scoiattolo	scoiatollo
	scimmia	scimia	scimma
	muca	mcca	mucca
	leonesa	leonessa	leonnesa
	gorilla	gorrila	gorila
	girafa	girrafa	giraffa
	gato	gatto	gtto

3.6.1 PRONTI VIA...CON LE DOPPIE

 Ora prova a riempire le caselle vuote col nome della figura illustrata, dividendo in sillabe; dopo leggi battendo le mani.

3.6.2 PRONTI VIA...CON LE DOPPIE

Ascolta le parole che pronuncia l'insegnante e scrivi le lettere che formano il raddoppiamento nelle due caselle a tetto.

CASSA   NOTTE   STELLA   PANNI   TORRI   PALLA   ZUPPA

Concluso il lavoro prova a togliere una doppia ad ogni parola e cerchia di rosso quella che ha un altro significato di senso compiuto.
Ti do una aiutino, le parole sono 5.

3.6.2 PRONTI VIA...CON LE DOPPIE

 Ricopia qui le parole della scheda precedente che togliendo una doppia hanno un significato proprio e illustrale. In parallelo ricopia e illustra la stessa parola con la doppia. Leggi.

CASA ➔ **CASSA**

Scegli 5 parole sopra riportate e scrivi una frase semplice che risponda alle seguenti domande: **CHI?**, **COSA FA?**, CHE COSA? (usa i tre colori).

1. _____

2. _____

3. _____

4. _____

5. _____

4 - LEGGERE FACILE

Dalla parola alla frase

4.1 PRONTI VIA...CON LA LETTURA DI PAROLE

Leggi la parola a sinistra, poi osserva le immagini e segna con una X il disegno giusto.

Leggi la parola a sinistra, poi osserva le immagini e segna con una X il disegno giusto.

Leggi le frasi e associale alla figura giusta.

IL DOTTORE CURA I MALATI

LA FORMICA È PICCOLA E NERA

LA RONDINE VOLA IN CIELO

LA BAMBINA FA SPORT

4.2.1 PRONTI VIA...CON LA LETTURA DI FRASI

Leggi le frasi e associale alla figura giusta.

IL GALLO HA LA CRESTA

IL CIGNO NUOTA NEL LAGO

IL PAVONE È DI TANTI COLORI

IL PAPPAGALLO CANTA

4.3 PRONTI VIA...CON LA LETTURA DI FRASI

 Osserva le immagini, leggi e indica con una X se la frase è vera (V) o falsa (F).

Non è un mago   ☐ V   ☐ F

Fa le magie   ☐ V   ☐ F

Ha un cappello in testa   ☐ V   ☐ F

Non gracida   ☐ V   ☐ F

Sa saltare   ☐ V   ☐ F

Vive nello stagno   ☐ V   ☐ F

Fa ridere i bambini   ☐ V   ☐ F

Porta tristezza   ☐ V   ☐ F

È molto divertente   ☐ V   ☐ F

Costruisce un castello   ☐ V   ☐ F

Sta in campagna   ☐ V   ☐ F

Ha i capelli lunghi   ☐ V   ☐ F

4.3.1 PRONTI VIA...CON LA LETTURA DI FRASI

Osserva le immagini, leggi e indica con una X se la frase è vera (V) o falsa (F).

È un mago   ☐ V   ☐ F

Fa le bolle di sapone   ☐ V   ☐ F

Ha un cappello in testa   ☐ V   ☐ F

Indossa i pantaloni   ☐ V   ☐ F

Ha le trecce   ☐ V   ☐ F

È in piedi   ☐ V   ☐ F

Ha la divisa del marinaio   ☐ V   ☐ F

Naviga in mare   ☐ V   ☐ F

È un dottore   ☐ V   ☐ F

Usa spesso un microfono   ☐ V   ☐ F

Non sa cantare   ☐ V   ☐ F

È una sarta   ☐ V   ☐ F

4.3.2 PRONTI VIA...CON LA LETTURA DI FRASI

 Osserva le immagini, leggi e indica con una X se la frase è vera (V) o falsa (F).

È un fotografo   ☐ V   ☐ F

Indossa un berretto rosso   ☐ V   ☐ F

Ha la macchina fotografica   ☐ V   ☐ F

Sa guidare una macchina   ☐ V   ☐ F

Lavora stando in piedi   ☐ V   ☐ F

È un autista   ☐ V   ☐ F

Non è un dottore   ☐ V   ☐ F

Cura i malati   ☐ V   ☐ F

È un vigile   ☐ V   ☐ F

È un pittore   ☐ V   ☐ F

Non usa il pennello   ☐ V   ☐ F

Sa dipingere i quadri   ☐ V   ☐ F

Leggi le frasi e indica con una X la figura a cui si riferiscono.

È un insetto con le macchie nere sul corpo

È una donna e cura i malati

Il papà lo usa per rasarsi la barba

Leggi le frasi e indica con una X la figura a cui si riferiscono.

Non telefona ma urla a squarciagola

Porta a passeggio il bambino

Di mestiere fa il pompiere e spegne il fuoco

4.4.2 PRONTI VIA...DALLA SCELTA ALLA LETTURA DI FRASI

 Leggi le frasi e indica con una X la figura a cui si riferiscono.

Serve per stampare i fogli ma non per vedere un film

Usa il pallone per calciare e divertirsi

Non è un albero di mele ed è spinosa

5 - LEGGERE E COMPRENDERE FACILE

Leggi il testo "FILLI IL BRUCO" e riscrivilo di seguito.

FILLI IL BRUCO

FIL-LI IL BRU-CO VI-VE FE-LI-CE NEL PRA-TO, MA È IN-FE-LI-CE PER-CHÈ SI SEN-TE BRUT-TO.

DO-PO A-VER MAN-GIA-TO TAN-TE FO-GLIE, FIL-LI SI CHIU-DE NEL BOZ-ZO-LO E SI AD-DOR-MEN-TA.

IL BRU-CO DOR-ME NEL BOZ-ZO-LO PER TAN-TO TEM-PO, E UN BEL GIOR-NO SI SVE-GLIA.

OH, CHE SOR-PRE-SA! QUAN-DO FIL-LI ESCE DAL BOZ-ZO-LO SI TRO-VA TRAS-FOR-MA-TO IN U-NA FAR-FAL-LA BEL-LIS-SI-MA DAL-LE A-LI DI MIL-LE CO-LO-RI.

Leggi il testo "FILLI IL BRUCO" e riscrivilo di seguito.

FILLI IL BRUCO

Fil-li il bru-co vi-ve nel pra-to, ma è in-fe-li-ce per-chè si sen-te brut-to.

Do-po a-ver man-gia-to tan-te fo-glie, Fil-li si chiu-de nel boz-zo-lo e si ad-dor-men-ta.

Il bru-co dor-me nel boz-zo-lo per tan-to tem-po, e un bel gior-no si sve-glia.

Oh, che sor-pre-sa! Quan-do Fil-li esce dal boz-zo-lo si tro-va tras-for-ma-to in u-na far-fal-la bel-lis-si-ma dal-le a-li di mil-le co-lo-ri.

5.1.2 PRONTI VIA...CON LA SCRITTURA

Ricopia in corsivo o in stampato il testo "FILLI IL BRUCO" unendo le sillabe per comporre la parola per intero. Leggi.

Leggi il testo "FILLI IL BRUCO" e rispondi alle domande.

FILLI IL BRUCO

Filli il bruco vive nel prato, ma è infelice perché si sente brutto.

Dopo aver mangiato tante foglie, Filli si chiude nel bozzolo e si addormenta.

Il bruco dorme nel bozzolo per tanto tempo, e un bel giorno si sveglia.

Oh, che sorpresa! Quando Filli esce dal bozzolo si trova trasformato in una farfalla bellissima dalle ali di mille colori.

5.3 PRONTI VIA...CON LA COMPRENSIONE DEL TESTO

 Dopo aver letto o ascoltato il racconto rispondi alle domande ponendo la crocetta sulla risposta giusta (è esatta solo una risposta).

A1. **Chi** è il protagonista del racconto?

☐ A. Un orso

☐ B. Un bruco

☐ C. Un leone

A2. **Com'è** Filli?

☐ A. Dispiaciuto

☐ B. Felice

☐ C. Infelice

A3. **Cosa** mangia il bruco?

☐ A. Tante foglie

☐ B. Tante mele

☐ C. Tante ciliege

A4. **Cosa fa** nel bozzolo Filli?

☐ A. Piange

☐ B. Si addormenta

☐ C. Mangia

A5. **Cosa succede un bel giorno?**

- ☐ A. Filli si addormenta

- ☐ B. Filli si agita

- ☐ C. Filli si sveglia

A6. **Per quanto tempo dorme il bruco?**

- ☐ A. Per un mese

- ☐ B. Per tanto tempo

- ☐ C. Per una settimana

A7. **In che cosa si trasforma il bruco?**

- ☐ A. In una volpe

- ☐ B. In un lupo

- ☐ C. In una farfalla da mille colori

Numera le immagini in senso logico da 1 a 4.

5.5 PRONTI VIA...CON L'ORDINE LOGICO

 Leggi e ordina le sequenze in maniera logica, inserendo nei quadratini i numeri da 1 a 4.

☐ FILLI SI SVEGLIA

☐ FILLI È INFELICE NEL PRATO

☐ FILLI È DIVENTATO UNA FARFALLA

☐ FILLI SI ADDORMENTA

☐ Filli si sveglia

☐ Filli è infelice nel prato

☐ Filli è diventato una farfalla

☐ Filli si addormenta

5.6 PRONTI VIA...CON LA RICOSTRUZIONE DEL RACCONTO

Incolla nei riquadri le immagini delle pagine precedenti numerate e ricostruisci la storia di *Filli il bruco*, riportando accanto le didascalie ordinate. Inserisci le parole del tempo PRIMA, DOPO, POI ed INFINE.

INIZIO

_____

_____

_____

_____

SVOLGIMENTO

_____

_____

_____

_____

CONCLUSIONE

5.7 PRONTI VIA...CON LA VERIFICA E L'ESPOSIZIONE

 Verifica se hai ordinato bene la storia e racconta osservando le immagini.

Leggi il testo "UN ORSO GOLOSO" e riscrivilo di sotto dettatura.

UN ORSO GOLOSO

C'E-RA U-NA VOL-TA UN OR-SO GO-LO-SO
CHE DE-CI-SE DI AF-FER-RA-RE LA CA-SA
DEL-LE A-PI PER MAN-GIAR-LA.

AL-L'IM-PROV-VI-SO U-SCI-RO-NO FUO-RI DEL-
LE A-PI PER AS-SA-LIR-LO.

IN-TAN-TO LA CA-SA DEL-LE A-PI SI STAC-
CÒ DAL-L'AL-BE-RO E CAD-DE IN TES-TA
ALL'OR-SO.

NEL FRAT-TEM-PO AR-RI-VA U-NA PUZ-ZO-LA
E U-NA VOL-PE, CHE IN-SIE-ME AI CUC-
CIO-LI OR-SI, SI MET-TO-NO A LEC-CA-RE
IL MIE-LE CA-DU-TO AD-DOS-SO ALL'OR-SO.

Leggi il testo "UN ORSO GOLOSO" e riscrivilo di sotto dettatura.

UN ORSO GOLOSO

C'e-ra u-na vol-ta un or-so go-lo-so che de-ci-se di af-fer-ra-re la ca-sa del-le a-pi per man-giar-la.

Al-l'im-prov-vi-so u-sci-ro-no fuo-ri del-le a-pi per as-sa-lir-lo.

In-tan-to la ca-sa del-le a-pi si stac-cò dal-l'al-be-ro e cad-de in tes-ta all'or-so.

Nel frat-tem-po ar-ri-va u-na puz-zo-la e u-na vol-pe, che in-sie-me ai cuc-cio-li or-si, si met-to-no a lec-ca-re il mie-le ca-du-to ad-dos-so all'or-so.

5.8.2 PRONTI VIA...CON LA SCRITTURA

Ricopia in corsivo o in stampato il testo "UN ORSO GOLOSO", unendo le sillabe per comporre la parola per intero. Leggi.

Leggi il testo "UN ORSO GOLOSO" e rispondi alle domande.

UN ORSO GOLOSO

C'era una volta un orso goloso che decise di afferrare la casa delle api per mangiarla.

All'improvviso uscirono fuori delle api per assalirlo.

Intanto la casa delle api si staccò dall'albero e cadde in testa all'orso.

Nel frattempo arriva una puzzola e una volpe, che insieme ai cuccioli orsi, si mettono a leccare il miele caduto addosso all'orso.

5.10 PRONTI VIA...CON LA COMPRENSIONE DEL TESTO

 Dopo aver letto o ascoltato il racconto rispondi alle domande ponendo la crocetta sulla risposta giusta (è esatta solo una risposta).

A1. **Quando avviene il fatto?**

- ☐ A. Un giorno
- ☐ B. Una volta
- ☐ C. Tanto tempo fa

A2. **Chi sono i personaggi?**

- ☐ A. Un orso
- ☐ B. Un orso e le api
- ☐ C. Le api

A3. **Dove si trovano i personaggi?**

- ☐ A. In città
- ☐ B. In campagna
- ☐ C. Nel mare

A4. **Cosa fa l'orso?**

- ☐ A. Afferra la casa dei cani
- ☐ B. Mangia la casa delle api
- ☐ C. Afferra la casa delle api

A5. **Cosa** uscì all'improvviso?

    ☐ A. Le api

    ☐ B. Gli orsi

    ☐ C. Le scimmie

A6. **Dove** cadde la casa delle api?

    ☐ A. A terra

    ☐ B. In testa all'orso

    ☐ C. In testa alle api

A7. **Chi** arriva poi?

    ☐ A. Una volpe e un lupo

    ☐ B. Una puzzola e una formica

    ☐ C. Una puzzola e una volpe

A8. **Cosa fanno** alla fine la puzzola e la volpe?

    ☐ A. Leccano il miele

    ☐ B. Scappano via

    ☐ C. Fanno del male all'orso

PRONTI VIA...CON LA SUCCESSIONE LOGICA

Numera le immagini in senso logico da 1 a 4.

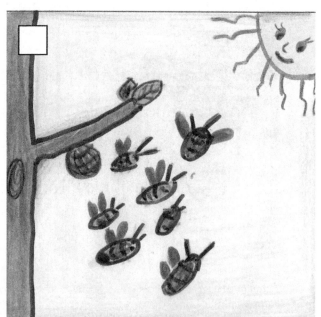

5.12 PRONTI VIA...CON L'ORDINE LOGICO

 Leggi e ordina le sequenze in maniera logica, inserendo nei quadratini i numeri da 1 a 4.

☐ ESCONO FUORI LE API

☐ LA CASA DELLE API CADE IN TESTA ALL'ORSO

☐ LA PUZZOLA, LA VOLPE E GLI ORSI LECCANO IL MIELE

☐ L'ORSO AFFERRA LA CASA DELLE API

☐ Escono fuori le api

☐ La casa delle api cade in testa all'orso

☐ La puzzola, la volpe e gli orsi leccano il miele

☐ L'orso afferra la casa delle api

5.13 PRONTI VIA...CON LA RICOSTRUZIONE DEL RACCONTO

 Incolla nei riquadri le immagini delle pagine precedenti numerate e ricostruisci la storia dell'**Orso goloso**, riportando accanto le didascalie ordinate. Inserisci le parole del tempo PRIMA, DOPO, POI ed INFINE.

INIZIO

SVOLGIMENTO

CONCLUSIONE

5.14 PRONTI VIA...CON LA VERIFICA E L'ESPOSIZIONE

 Verifica se hai ordinato bene la storia e racconta osservando le immagini.

Leggi il testo "VIETATO ULULARE" e riscrivilo sotto dettatura.

VIETATO ULULARE

U-NA NOT-TE D'A-U-TUN-NO TRE LU-PET-TI SI MET-TO-NO A U-LU-LA-RE.

IL GU-FO CHE NEL FRAT-TEM-PO DOR-ME SI SVE-GLIA E SI AC-COR-GE DEI TRE LU-PET-TI.

IL GU-FO SI AR-RAB-BIA MOL-TO E LANCIA UN FORTE GRIDO.

POI IL GU-FO DE-CI-DE DI AT-TAC-CA-RE VI-CI-NO AL-L'AL-BE-RO IL CAR-TEL-LO "VIE-TA-TO U-LU-LA-RE".

AL-LA FI-NE I LU-PET-TI SPA-VEN-TA-TI SI NAS-CON-DO-NO E NON U-LU-LA-NO PIÙ.

Leggi il testo "VIETATO ULULARE" e riscrivilo sotto dettatura.

VIETATO ULULARE

U-na not-te d'a-u-tun-no tre lu-pet-ti si met-to-no a u-lu-la-re.

Il gu-fo che nel frat-tem-po dor-me si sve-glia e si ac-cor-ge dei tre lu-pet-ti.

Il gu-fo si ar-rab-bia mol-to e lancia un for-te gri-do.

Poi il gu-fo de-ci-de di at-tac-ca-re vi-ci-no al-l'al-be-ro il car-tel-lo "VIE-TA-TO U-LU-LA-RE".

Al-la fi-ne i lu-pet-ti spa-ven-ta-ti si nas-con-do-no e non u-lu-la-no più.

5.15.2 PRONTI VIA...CON LA SCRITTURA

Ricopia in corsivo o in stampato il testo "VIETATO ULULARE", unendo le sillabe per comporre la parola per intero. Leggi.

Leggi il testo "VIETATO ULULARE" e rispondi alle domande.

VIETATO ULULARE

Una notte d'autunno tre lupetti si mettono a ululare.

Il gufo che nel frattempo dorme si sveglia e si accorge dei tre lupetti.

Il gufo si arrabbia molto e lancia un forte grido.

Poi il gufo decide di attacca-re vicino all'albero il cartello "VIETATO ULULARE".

Alla fine i lupetti spaventati si nascondono e non ululano più.

5.17   PRONTI VIA...CON LA COMPRENSIONE DEL TESTO

 Dopo aver letto o ascoltato il racconto rispondi alle domande ponendo la crocetta sulla risposta giusta (è esatta solo una risposta).

A1.   ~~Quando~~ avviene il fatto?

☐   A. Di giorno

☐   B. Di notte

☐   C. Di pomeriggio

A2.   ~~Chi~~ sono i personaggi?

☐   A. Il gufo e tre orsi

☐   B. Il gufo e tre lupetti

☐   C. Il cane e tre lupetti

A3.   ~~Dove~~ si trovano i personaggi?

☐   A. Nel bosco

☐   B. Sulla spiaggia

☐   C. Nel fiume

A4.   ~~Cosa fanno~~ i lupetti?

☐   A. Bevono

☐   B. Mangiano

☐   C. Ululano

A5. |Cosa| sta facendo il gufo?

    ☐   A. Canta

    ☐   B. Dorme

    ☐   C. Mangia

A6. |Cosa| lancia il gufo?

    ☐   A. Un grido

    ☐   B. Una mela

    ☐   C. Un canto

A7. |Cosa| attacca il gufo vicino all'albero?

    ☐   A. Un fiocco

    ☐   B. Un cartello

    ☐   C. Una mela

A8. |Cosa fanno| i lupetti spaventati?

    ☐   A. Si nascondono

    ☐   B. Scappano via

    ☐   C. Ululano

5.18 PRONTI VIA...CON LA SUCCESSIONE LOGICA

 Numera le immagini in senso logico da 1 a 5.

5.19 PRONTI VIA...CON L'ORDINE LOGICO

 Leggi e ordina le sequenze in maniera logica, inserendo nei quadratini i numeri da 1 a 5.

☐ IL GUFO PONE UN CARTELLO VICINO ALL'ALBERO "VIETATO ULULARE"

☐ IL GUFO ARRABBIATO LANCIA UN GRIDO

☐ I LUPETTI ULULANO, MENTRE IL GUFO DORME

☐ I LUPETTI SI NASCONDONO

☐ IL GUFO SI SVEGLIA

☐ Il gufo pone un cartello vicino all'albero "vietato ululare"

☐ Il lupo arrabbiato lancia un grido

☐ I lupetti ululano, mentre il gufo dorme

☐ I lupetti si nascondono

☐ Il gufo si sveglia

5.20 PRONTI VIA...CON LA RICOSTRUZIONE DEL RACCONTO

 Incolla nei riquadri le immagini delle pagine precedenti numerate e ricostruisci la storia *Vietato ululare*, riportando accanto le didascalie ordinate. Inserisci le parole del tempo PRIMA, DOPO, POI ed INFINE.

INIZIO

SVOLGIMENTO

CONCLUSIONE

5.21 PRONTI VIA...CON LA VERIFICA E L'ESPOSIZIONE

 Verifica se hai ordinato bene la storia e racconta osservando le immagini.

Leggi e comprendi il testo di seguito.

FOGLIOLINA D'AUTUNNO

FOGLIOLINA APPENA NATA,

PASSA IL TEMPO E INTANTO CRESCI.

TI FAI GIALLA IN AUTUNNO,

POI TI STACCHI E SCENDI AL SUOLO:

DELLA TERRA É IL TUO COLORE.

Fogliolina d'autunno

Fogliolina appena nata,

passa il tempo e intanto cresci.

Ti fai gialla in autunno,

poi ti stacchi e scendi al suolo:

della terra è il tuo colore.

5.23 PRONTI VIA...CON L'ORDINE LOGICO

 Leggi e ordina le sequenze descrittive in maniera logica, inserendo nei quadratini i numeri da 1 a 4.

☐ LA FOGLIOLINA SI STACCA E CADE PER TERRA

☐ LA FOGLIOLINA É CRESCIUTA

☐ LA FOGLIOLINA DIVENTA GIALLA

☐ LA FOGLIOLINA NASCE

☐ La fogliolina si stacca e cade per terra

☐ La fogliolina è cresciuta

☐ La fogliolina diventa gialla

☐ La fogliolina nasce

Ricopia le sequenze di *Fogliolina d'Autunno* in ordine logico, inserendo le parole del tempo PRIMA, DOPO, POI ed INFINE, e illustra nei riquadri.

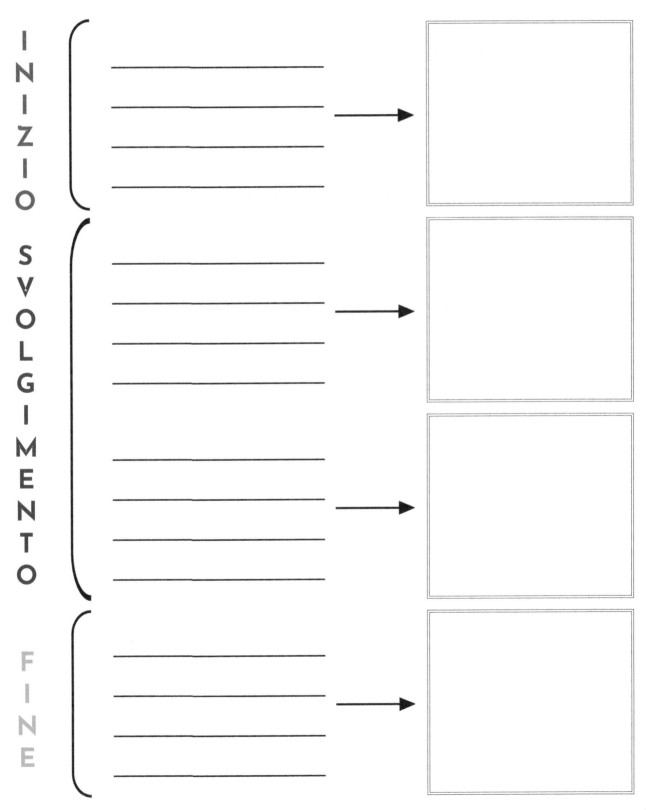

Leggi e comprendi il testo di seguito.

UNA GUSTOSA BISTECCA

UN SABATO A MEZZOGIORNO CHIARA POSA SUL TAVOLO UN PIATTO CON UNA BISTECCA. ARRIVA BRICIOLA, IL CANE, E LA GUARDA.

APPENA CHIARA SI GIRA, BRICIOLA SI LANCIA SULLA BISTECCA.

ALLORA BRICIOLA SCAPPA E CHIARA SI ACCORGE CHE LA CARNE È SPARITA.

INFINE BRICIOLA, DA FURBACCHIONA, CORRE AI RIPARI IN GIARDINO E SI NASCONDE DENTRO UN CESPUGLIO.

Leggi e comprendi il testo di seguito.

UNA GUSTOSA BISTECCA

Un sabato a mezzogiorno Chiara posa sul tavolo un piatto con una bistecca.

Arriva Briciola, il cane, e la guarda.

Appena Chiara si gira, Briciola si lancia sulla bistecca.

Allora Briciola scappa e Chiara si accorge che la carne è sparita.

Infine Briciola, da furbacchiona, corre ai ripari in giardino e si nasconde dentro un cespuglio.

Dopo aver letto o ascoltato il racconto rispondi alle domande ponendo la crocetta sulla risposta giusta (è esatta solo una risposta).

· Chi è il **PROTAGONISTA** della storia?

· Chi è l'altro **PERSONAGGIO** della storia?

Chiara   Il nonno   Matteo

· **DOVE** si trova Michele?

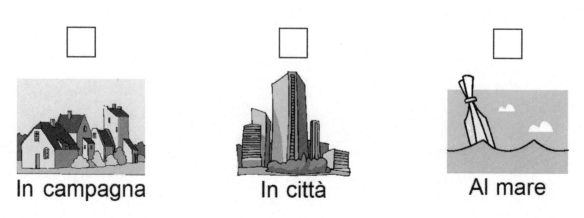

In campagna   In città   Al mare

3.27 PRONTI VIA...CON LA COMPRENSIONE

 Dopo aver letto o ascoltato il racconto inserisci le risposte nelle caselle sottostanti.

DOMANDE

1. Come si chiama il cane?

2. Cosa si chiama la bambina?

3. Cosa vuole mangiare il cane?

4. Dove corre Briciola?

RISPOSTE

1									
2									
3									
4									
5									

6 - SCRIVERE FACILE

6.1 PRONTI VIA...CON LA COSTRUZIONE DELLE FRASI

Collega i cartellini, formando delle frasi di senso compiuto. Riscrivi le frasi nella pagina che segue.

CHE COSA FA?

COSTRUISCE   ALLEVA   DIPINGE   CUCINA

CHE COSA?

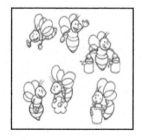

6.1.1 PRONTI VIA...CON LA COSTRUZIONE DELLE FRASI

 Dopo aver collegato i cartellini della scheda precedente, ricopia con i tre colori, rosso, blu e verde rispettivamente il soggetto, il predicato e l'espansione. Leggi.

1)

2)

3)

4)

6.1.2 PRONTI VIA...CON LA COSTRUZIONE DELLE FRASI

 Collega i cartellini, formando delle frasi di senso compiuto. Riscrivi le frasi nella pagina che segue.

CHI?

LA MOTO	IL PESCATORE	IL MECCANICO	IL CARABINIERE

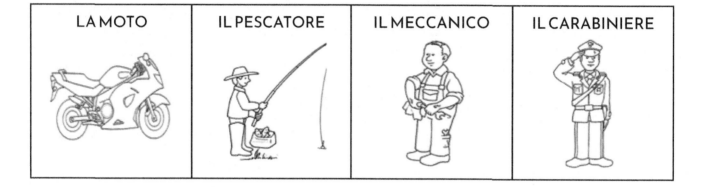

CHE COSA FA?

FA	RIPARA	PESCA	CORRE

CHE COSA?

NEL MARE

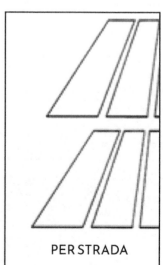

PER STRADA

134

6.1.3 PRONTI VIA...CON LA COSTRUZIONE DELLE FRASI

 Dopo aver collegato i cartellini della scheda precedente, ricopia con i tre colori, rosso, blu e verde rispettivamente il soggetto, il predicato e l'espansione. Leggi.

1)

2)

3)

4)

6.1.4 PRONTI VIA...CON LA COSTRUZIONE DELLE FRASI

Collega i cartellini, formando delle frasi di senso compiuto. Riscrivi le frasi nella pagina che segue.

CHI?

| IL POSTINO | LA PARRUCCHIERA | IL MAESTRO | IL PIZZAIOLO |

CHE COSA FA?

PORTA   CUCINA   ASCIUGA   SCRIVE

CHE COSA?

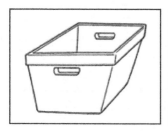   

  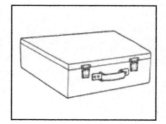 

6.1.5 PRONTI VIA...CON LA COSTRUZIONE DELLE FRASI

 Dopo aver collegato i cartellini della scheda precedente, ricopia con i tre colori, rosso, blu e verde rispettivamente il soggetto, il predicato e l'espansione. Leggi.

1)

2)

3)

4)

6.2   PRONTI VIA...PAROLE PER TANTE FRASI

Adesso tocca a te disegnare e inserire delle parole nei cartellini fino ad ottenere delle frasi di senso compiuto. Collega i cartellini.

CHI?

CHE COSA FA?

CHE COSA?

6.2.1 PRONTI VIA...PAROLE PER TANTE FRASI

Adesso tocca a te disegnare e inserire delle parole nei cartellini fino ad ottenere delle frasi di senso compiuto. Collega i cartellini.

CHI?

CHE COSA FA?

CHE COSA?

6.3 PRONTI VIA...CON LA RIFLESSIONE METALINGUISTICA

Leggi e scegli quale delle due parole va bene per completare la frase, poi riscrivila nel rigo sottostante.

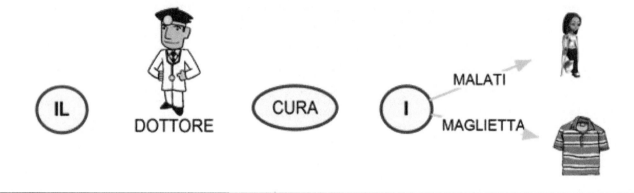

IL DOTTORE CURA I MALATI / MAGLIETTA

_____

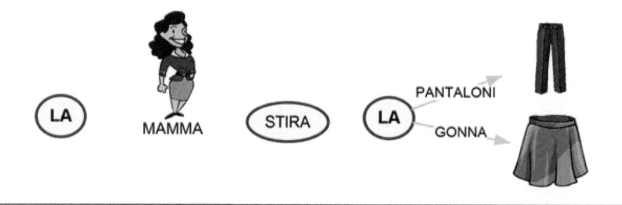

LA MAMMA STIRA LA PANTALONI / GONNA

_____

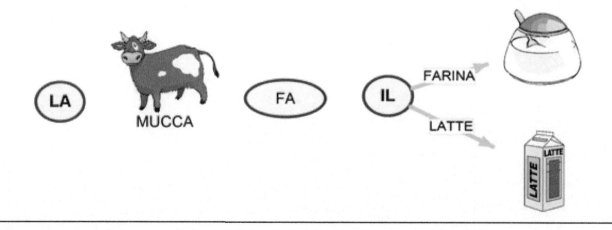

LA MUCCA FA IL FARINA / LATTE

_____

6.3.1 PRONTI VIA...CON LA RIFLESSIONE METALINGUISTICA

Leggi e scegli quale delle due parole va bene per completare la frase, poi riscrivila nel rigo sottostante.

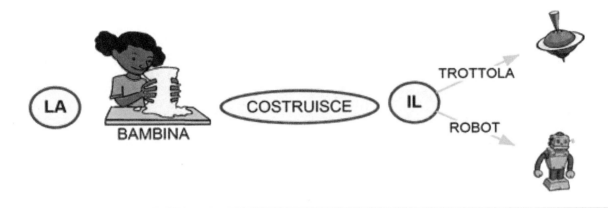

_____

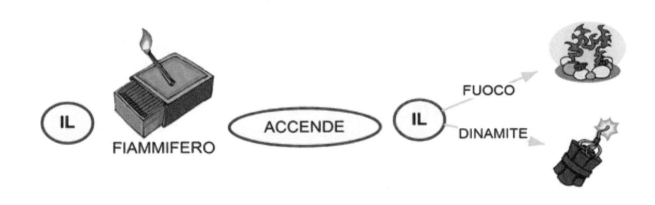

_____

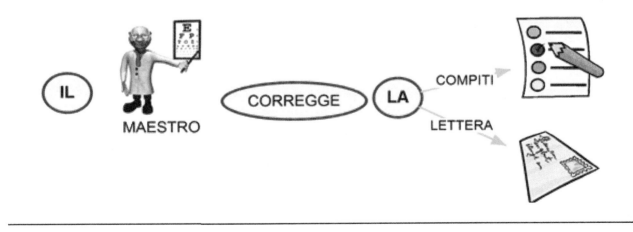

_____

6.3.2 PRONTI VIA...CON LA RIFLESSIONE METALINGUISTICA

Leggi e scegli quale delle due parole va bene per completare la frase, poi riscrivila nel rigo sottostante.

_____

_____

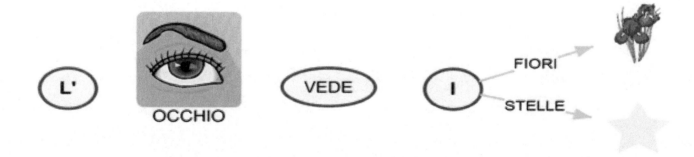

_____

Leggi il testo e trascrivilo nella pagina che segue separando le parole che sono scritte tutte attaccate.

ILPESCIOLINONEMO

Nemoèunpescepagliacciochevivenegliabissimarini.

Nemohaunapiccolatestacolorcarota.

Halepinnearancionieuncorpostriatobiancoearancione.

Haunacorporaturapiccolaeagile.

Il suo corpoè ricopertodisquameeusalebranchie perrespirare.

Ilsuocibopreferitosonolealgheeicoralli.

Lasuacasaènelmare,tralefoltealghe.

6.4.1 PRONTI VIA... CON LA SEPARAZIONE DELLA DESCRIZIONE

6.4.2 PRONTI VIA...CON LA DESCRIZIONE

Leggi o ascolta il testo sul pesciolino Nemo e completa lo schema. Verbalizza oralmente.

NOME

....

ASPETTO FISICO

....

....

....

....

ALIMENTAZIONE

....

AMBIENTE DI VITA

....

145

7 - INGLESE FACILE

7.1 PRONTI VIA...WITH THE COLOURS

Leggi il nome dei colori e, sfogliando delle riviste, ritaglia e attacca nei riquadri immagini colorate con il colore indicato.

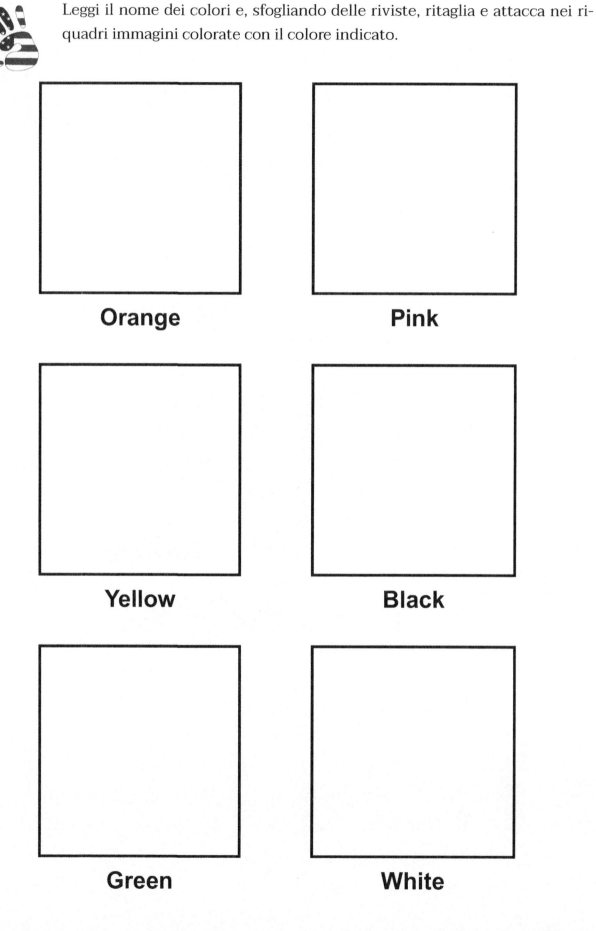

Orange

Pink

Yellow

Black

Green

White

7.2 PRONTI VIA...WITH THE COLOURS

Colora la scelta giusta tra il nome dei colori dati.

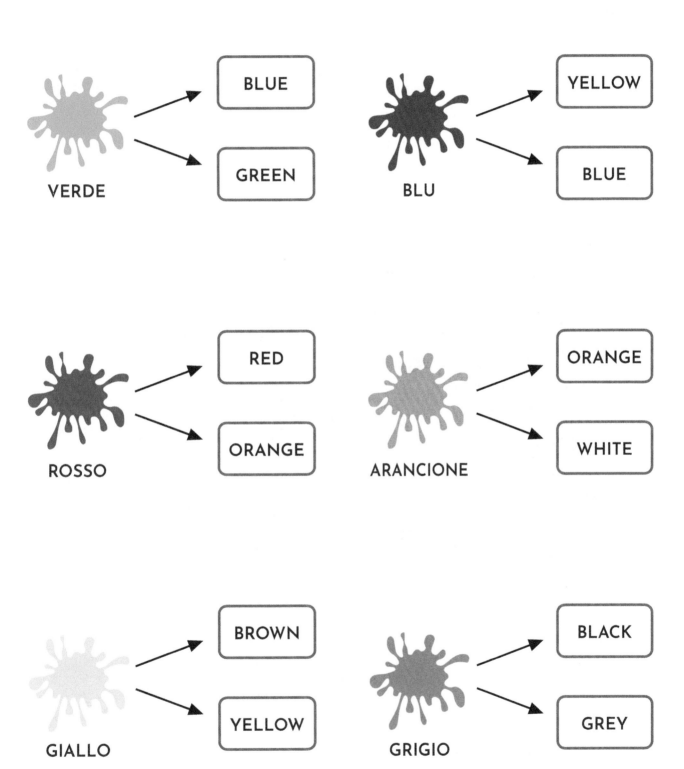

VERDE → BLUE / GREEN

BLU → YELLOW / BLUE

ROSSO → RED / ORANGE

ARANCIONE → ORANGE / WHITE

GIALLO → BROWN / YELLOW

GRIGIO → BLACK / GREY

7.3   PRONTI VIA...WITH MY FACE

 Collega i cartellini alle parti del viso.

EARS

MOUTH

HAIR

FACE

NOSE

EYES

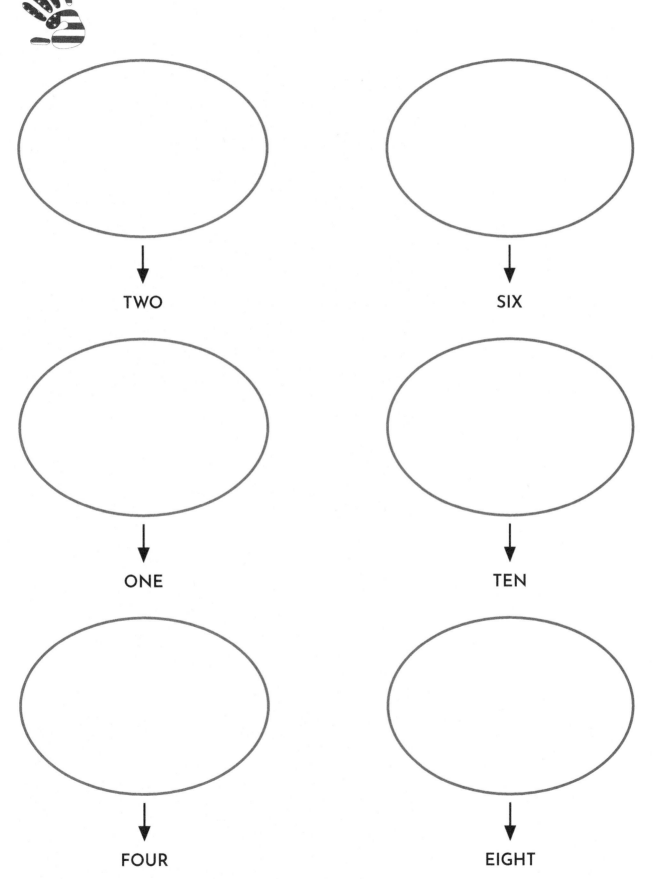

7.4 PRONTI VIA...WITH THE NUMBERS

Disegna tanti elementi quanti ne indica il numero.

TWO

SIX

ONE

TEN

FOUR

EIGHT

7.5 PRONTI VIA...WITH THE ANIMALS

 Completa con I cartellini con i nomi dati di seguito.

DOG   COW   RABBIT   FISH   PIG

MOUSE   BIG   SHEEP   CAT

7.6 ENGLISH GLOSSARY

FACE	NOSE	EYE	EAR	MOUTH
ONE	TWO	THREE	FOUR	FIVE
SIX	SEVEN	EIGHT	NINE	TEN
BLACK	BLUE	ORANGE	RED	GREEN
PURPLE	WHITE	GREY	YELLOW	PINK
DOG	CAT	COW	SHEEP	MOUSE
HORSE	PIG	RABBIT	FISH	LION

SEZIONE 1
LOGICO - COGNITIVA

8 - GLI INSIEMI E L'INTRUSO

PRONTI VIA...CON GLI INSIEMI

Porta con una freccia gli oggetti nell'insieme giusto.

Porta con una freccia gli oggetti nell'insieme giusto.

8.1.2 PRONTI VIA...CON GLI INSIEMI

Porta con una freccia gli oggetti nell'insieme giusto.

8.2 PRONTI VIA... CON CACCIA ALL'INTRUSO

In ogni insieme c'è un intruso, trovalo ed indicalo con una X.
Definisci poi l'insieme.

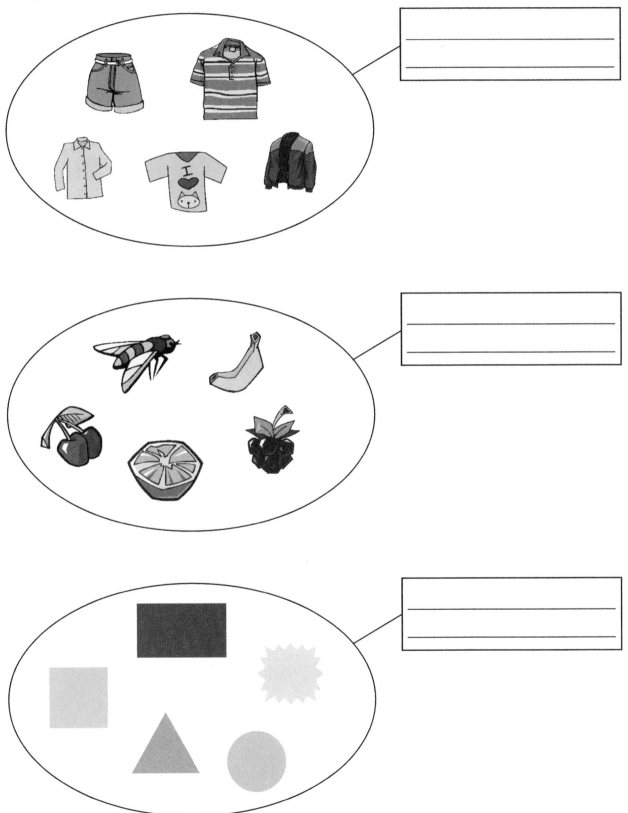

8.2.1 PRONTI VIA... CON CACCIA ALL'INTRUSO

In ogni insieme c'è un intruso, trovalo ed indicalo con una X.
Definisci poi l'insieme.

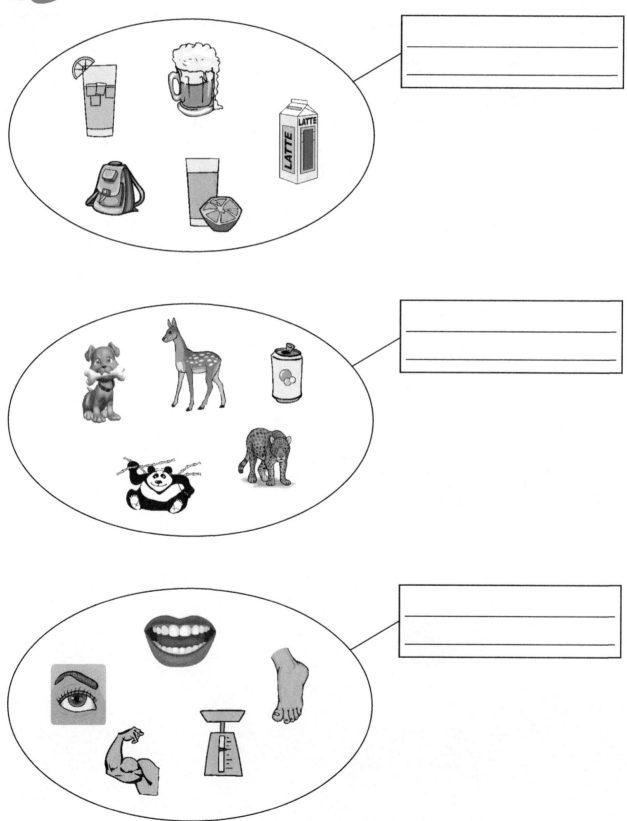

Disegna 5 elementi nell'insieme che abbiano una caratteristica in comune e 1 elemento che non appartiene. Nel cartellino scrivi la proprietà.

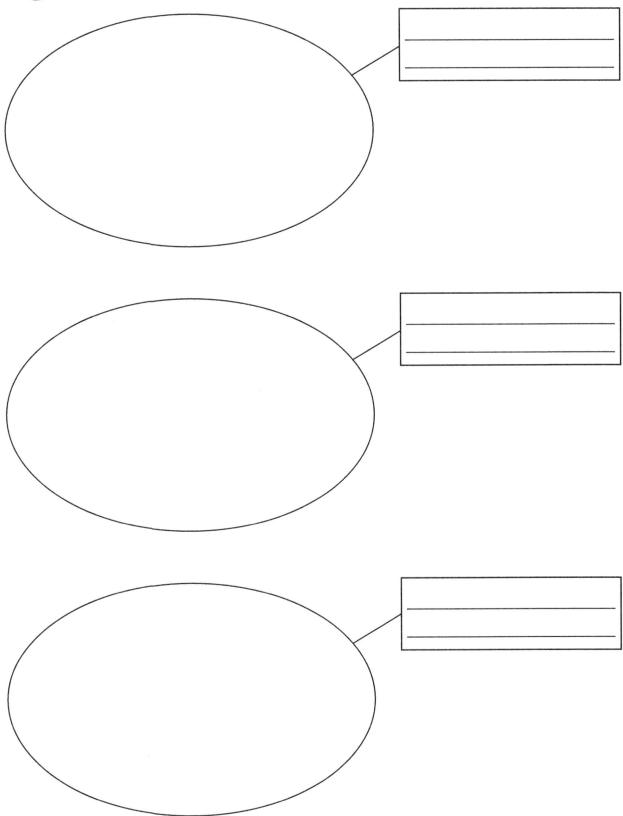

8.3.1 PRONTI VIA... ADESSO TOCCA A TE

Disegna 5 elementi nell'insieme che abbiano una caratteristica in comune e 1 elemento che non appartiene. Nel cartellino scrivi la proprietà.

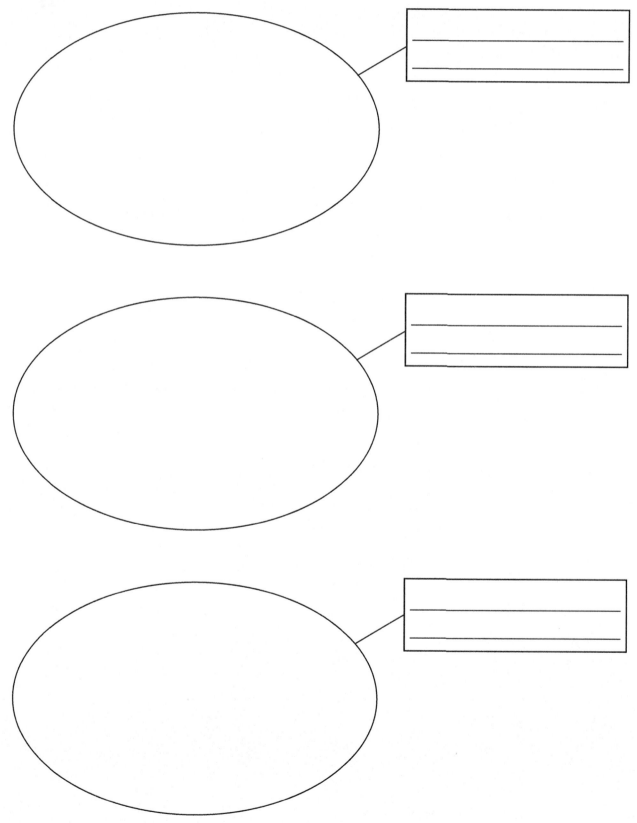

8.4 PRONTI VIA...CON L'INTRUSO LESSICALE

 In ogni gruppo trova l'intruso (= la parola che non va bene con le altre), come nell'esempio:

Esempio: Mare, montagna, libro, campagna. L'intruso è [libro].

1. **Maglietta, camicia, scarpe, maglione.**

   L'intruso è [   ]

2. **Collana, orecchini, bracciale, sandali.**

   L'intruso è [   ]

3. **Giallo, uomo, rosso, arancione.**

   L'intruso è [   ]

4. **Cappello, pantaloni, bermuda, gonna.**

   L'intruso è [   ]

5. **Pigiama, righe, camicia da notte, pantofole.**

   L'intruso è [   ]

6. **Treno, valigia, borsa, zaino.**

   L'intruso è [   ]

8.4.1 PRONTI VIA...CON L'INTRUSO LESSICALE

 In ogni gruppo trova l'intruso (= la parola che non va bene con le altre), come nell'esempio:

Es.: Mare, montagna, libro, campagna. L'intruso è [libro].

1. **Tastiera, mouse, penna, scanner.**

   L'intruso è

2. **Raccoglitori, matita, libro, quaderni.**

   L'intruso è

3. **Gelato, pollo, pasta, hamburger.**

   L'intruso è

4. **Bocca, cuore, naso, gamba.**

   L'intruso è

5. **Primavera, lunedì, estate, inverno.**

   L'intruso è

6. **Sciarpa, guanti, cappello, matita.**

   L'intruso è

9 - I NUMERI E LE OPERAZIONI

Colora tante palline quante ne indica il comando.

Colora 1 pallina ⃝ ⃝ ⃝ ⃝ ⃝   ⃝ ⃝ ⃝ ⃝ ⃝

Colora 3 palline ⃝ ⃝ ⃝ ⃝ ⃝   ⃝ ⃝ ⃝ ⃝ ⃝

Colora 7 palline ⃝ ⃝ ⃝ ⃝ ⃝   ⃝ ⃝ ⃝ ⃝ ⃝

Colora 5 palline ⃝ ⃝ ⃝ ⃝ ⃝   ⃝ ⃝ ⃝ ⃝ ⃝

Colora 2 palline ⃝ ⃝ ⃝ ⃝ ⃝   ⃝ ⃝ ⃝ ⃝ ⃝

Colora 6 palline ⃝ ⃝ ⃝ ⃝ ⃝   ⃝ ⃝ ⃝ ⃝ ⃝

Colora 4 palline ⃝ ⃝ ⃝ ⃝ ⃝   ⃝ ⃝ ⃝ ⃝ ⃝

Colora 9 palline ⃝ ⃝ ⃝ ⃝ ⃝   ⃝ ⃝ ⃝ ⃝ ⃝

9.1.1 PRONTI VIA...CON LA VISUALIZZAZIONE DI QUANTITÀ

 Colora tante palline quante ne indica il comando.

Colora 18 palline

Colora 15 palline

Colora 13 palline

Colora 10 palline

Colora 11 palline

Colora 12 palline

9.1.2 PRONTI VIA...CON LA LETTURA INTUITIVA DELLA QUANTITÀ (CARDINALITÀ)

 Aggiungi tante palline a quelle date, tante quante necessarie per arrivare alla quantità indicata.

Colora 14 palline ○○○○○ ○○○○○
○○○○ ○○○○

Colora 17 palline ○○○○○ ○○○○○
○○○○○ ○○○○○

Colora 20 palline ○○○○○ ○○○○○
○○○○○ ○○○○○

Colora 16 palline ○○○○○ ○○○○○
○○○○○ ○○○○○

Colora 19 palline ○○○○○ ○○○○○
○○○○○ ○○○○○

9.2 PRONTI VIA...CON LA LETTURA INTUITIVA DELLA QUANTITÀ (CARDINALITÀ)

 Quante sono le palline colorate?
Scrivilo nel quadratino accanto ad ogni riga.

9.2.1 PRONTI VIA...CON LA VISUALIZZAZIONE DI QUANTITÀ (CARDINALITÀ)

 Aggiungi tante palline a quelle date, tante quante necessarie per arrivare alla quantità indicata.

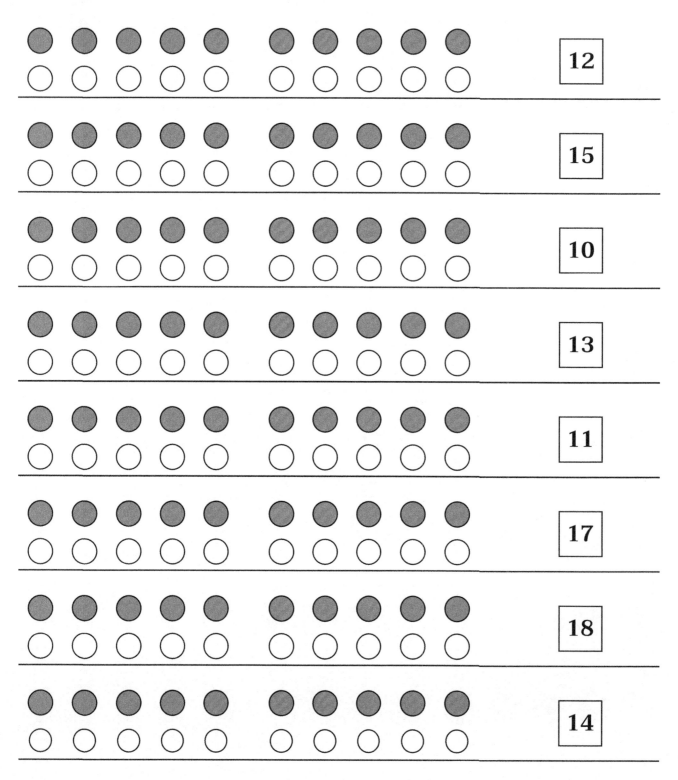

9.2.2 PRONTI VIA...CON LA VISUALIZZAZIONE DI QUANTITÀ (CARDINALITÀ)

 Quante sono le palline colorate?
Scrivilo nel quadratino accanto ad ogni riga.

9.2.3 PRONTI VIA...CON LA VISUALIZZAZIONE DI QUANTITÀ (CARDINALITÀ)

 Quante sono le palline colorate?
Scrivilo nel quadratino accanto ad ogni riga.

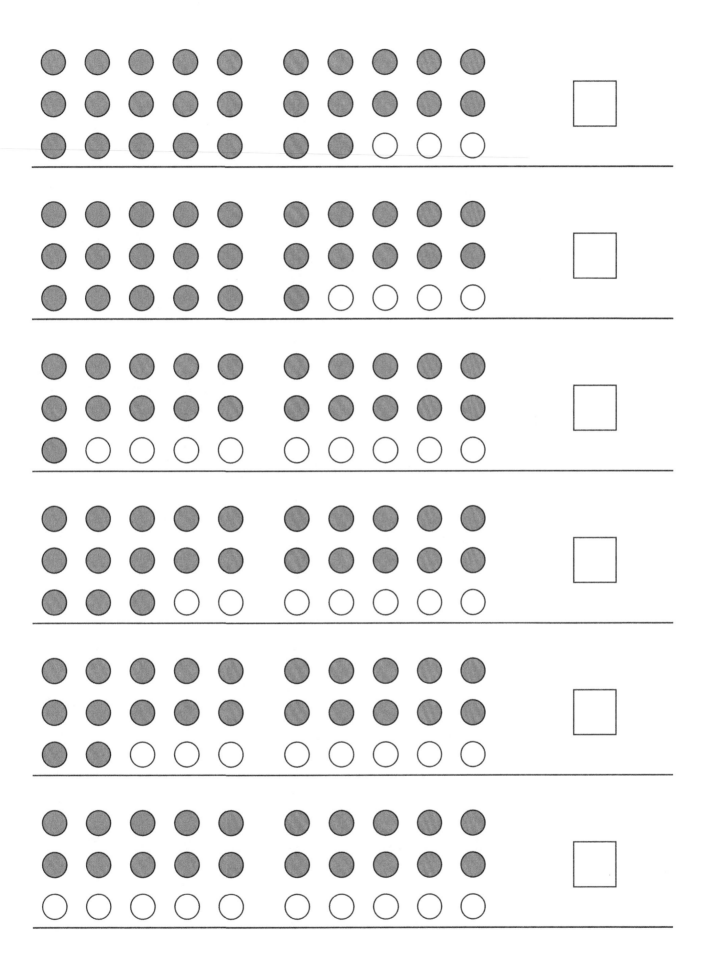

9.3   PRONTI VIA...CON LE ADDIZIONI

Esegui le operazioni orientandoti sulle palline

5 + 3 = _____   4 + 2 = _____

4 + 1 = _____   7 + 1 = _____

7 + 1 = _____   6 + 2 = _____

8 + 1 = _____   7 + 0 = _____

6 + 3 = _____   5 + 2 = _____

3 + 1 = _____   4 + 0 = _____

1 + 3 = _____   1 + 2 = _____

9.3.1 PRONTI VIA...CON LE ADDIZIONI

Esegui le operazioni orientandoti sulle palline

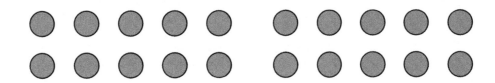

16 + 3 = _____   10 + 2 = _____

14 + 4 = _____   15 + 3 = _____

19 + 1 = _____   16 + 4 = _____

17 + 2 = _____   10 + 6 = _____

14 + 3 = _____   17 + 3 = _____

11 + 5 = _____   12 + 6 = _____

13 + 3 = _____   9 + 2 = _____

Esegui le operazioni orientandoti sulle palline

5 - 3 = _____   4 - 2 = _____

4 - 1 = _____   7 - 1 = _____

6 - 2 = _____   5 - 4 = _____

3 - 3 = _____   5 - 5 = _____

5 - 2 = _____   9 - 3 = _____

4 - 2 = _____   7 - 2 = _____

8 - 3 = _____   8 - 4 = _____

6 - 3 = _____   9 - 7 = _____

9.4.1 PRONTI VIA...CON LE SOTTRAZIONI

Esegui le operazioni orientandoti sulle palline

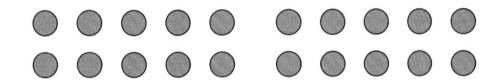

15 - 3 = _____   14 - 2 = _____

14 - 1 = _____   15 - 7 = _____

17 - 1 = _____   16 - 2 = _____

18 - 1 = _____   17 - 4 = _____

16 - 3 = _____   19 - 7 = _____

14 - 2 = _____   18 - 6 = _____

11 - 6 = _____   12 - 7 = _____

13 - 3 = _____   14 - 4 = _____

9.5   PRONTI VIA...CON LE SITUAZIONI PROBLEMATICHE

 Al circo ci sono 4 tigri e 5 leoni.
Quanti animali feroci ci sono in tutto al circo?

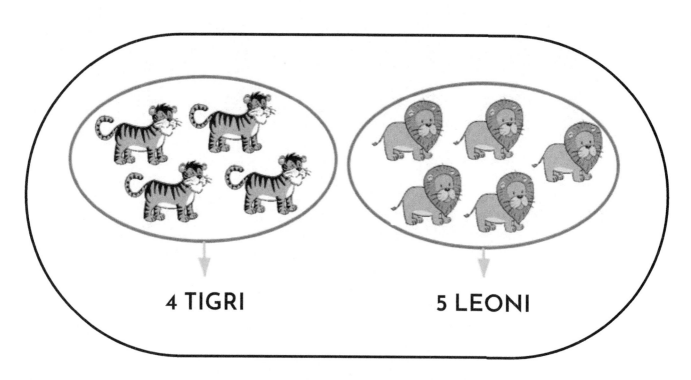

4 TIGRI   5 LEONI

OPERAZIONE:

☐   ☐ = ☐

RISPOSTA:

9.5.1 PRONTI VIA...CON LE SITUAZIONI PROBLEMATICHE

 La mamma compra ad Erica 9 pupazzi. Ne regala 3 a Edo.
Quanti pupazzi restano ad Erica?

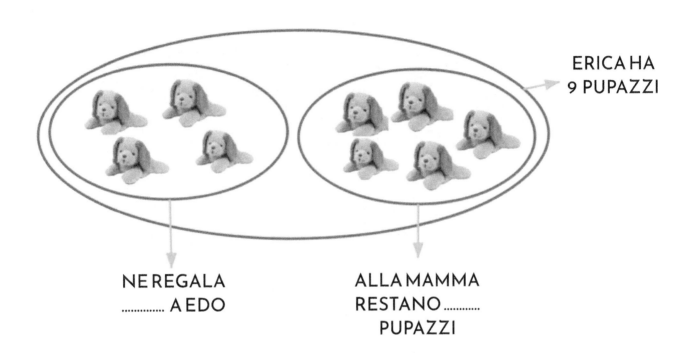

ERICA HA
9 PUPAZZI

NE REGALA
.... A EDO

ALLA MAMMA
RESTANO ....
PUPAZZI

OPERAZIONE:

☐ ☐ = ☐

RISPOSTA:

_____

_____

9.6   PRONTI VIA...CON LA LOGICA E LA MATEMATICA DIGITALI

 Si consiglia di alternare le attività proposte con giochi didattici gratuiti on line.

SEGUI LE INDICAZIONI

1. Collegati al sito *http://sostegnobes.com*

2. Accedi alla sezione "Giochi didattici".

3. Accedi alla sottosezione "Matematica digitale".

4. e accedi alla sottosezione "Didattica digitale".

OPPURE SCANSIONA IL QR CODE

Matematica digitale online

Didattic digitale online

10 - AREA DEL TEMPO CHE PASSA

Leggi/ascolta la filastrocca e sottolinea i nomi dei giorni della settimana.

LA SETTIMANA DEL PIGRONE

LUNEDÌ SI SVEGLIÒ.

MARTEDÌ SBADIGLIÒ.

MERCOLEDÌ SI STIRÒ.

GIOVEDÌ SI ALLUNGÒ.

VENERDÌ RIPOSÒ.

SABATO SI ADDORMENTÒ.

DOMENICA RUSSÒ.

GIANNI RODARI

10.1.1 PRONTI VIA...CON IL TEMPO

 Leggi/ascolta la filastrocca e sottolinea i nomi dei giorni della settimana.

Fogliolina d'autunno

Lunedì si svegliò.

Martedì sbadigliò.

Mercoledì si stirò.

Giovedì si allungò.

Venerdì riposò.

Sabato si addormentò.

Domenica russò.

Gianni Rodari

10.2 PRONTI VIA...CON IL TEMPO

 Dopo aver letto/ascoltato la filastrocca, scrivi i giorni e illustra le azioni del pigrone.

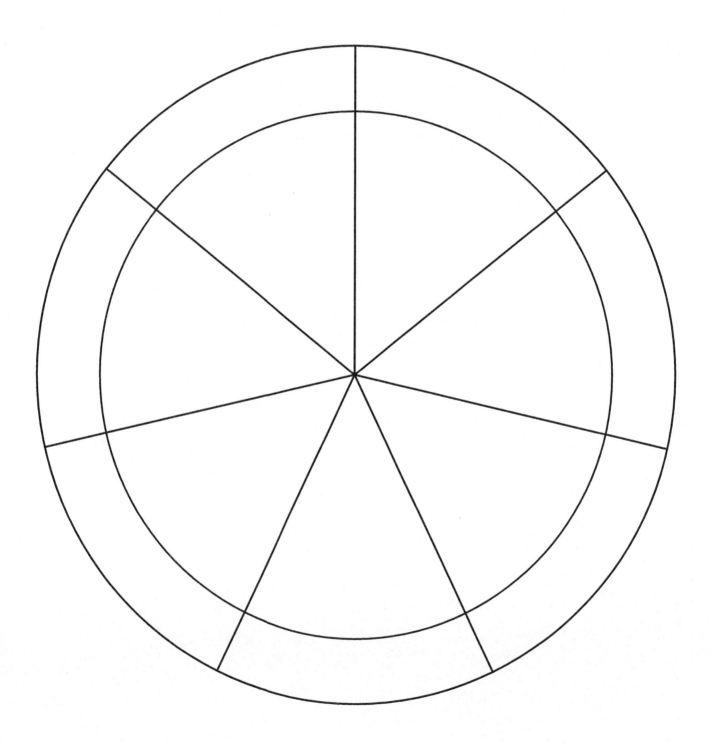

10.3 PRONTI VIA...CON IL TEMPO

 Disegna le tue attività svolte durante la settimana a scuola e a casa.

	SETTIMANA SCOLASTICA	SETTIMANA PERSONALE
LUNEDÌ		
MARTEDÌ		
MERCOLEDÌ		
GIOVEDÌ		
VENERDÌ		
SABATO		
DOMENICA		

Leggi la filastrocca e completa la scheda 9.4.2 con il nome del giorno.

LUNEDÌ CHIUSIN CHIUSINO

LUNEDÌ CHIUSINCHIUSINO.

MARTEDÌ BUCÒ L'OVINO.

SGUSCIÒ FUOR **MERCOLEDÌ**.

PIO, PIO, PIO... DI **GIOVEDÌ**.

VENERDÌ UN VOLETTINO.

BECCÒ, **SABATO** UN GRANINO.

LA **DOMENICA** MATTINA

AVEVA GIÀ LA SUA CRESTINA.

10.4.1 PRONTI VIA...CON LUNEDÌ CHIUSIN CHIUSINO

Leggi la filastrocca e completa la scheda 9.4.2 con il nome del giorno.

LUNEDÌ CHIUSIN CHIUSINO

Lunedì chiusinchiusino.

Martedì bucò l'ovino.

Sgusciò fuor **mercoledì**.

Pio, pio, pio... di **giovedì**.

Venerdì un volettino.

Beccò, **sabato** un granino.

La **domenica** mattina

aveva già la sua crestina.

10.4.1 PRONTI VIA...CON LUNEDÌ CHIUSIN CHIUSINO

 Dopo aver letto la filastrocca, completa con il nome del giorno e alla fine, se hai fatto bene il lavoro, colora a tuo piacimento il pulcino al centro.

10.5 PRONTI VIA...CON IERI - OGGI - DOMANI

Completa gli schemi osservando la linea dei giorni della settimana.

LUNEDÌ	MARTEDÌ	MERCOLEDÌ	GIOVEDÌ	VENERDÌ	SABATO	DOMENICA

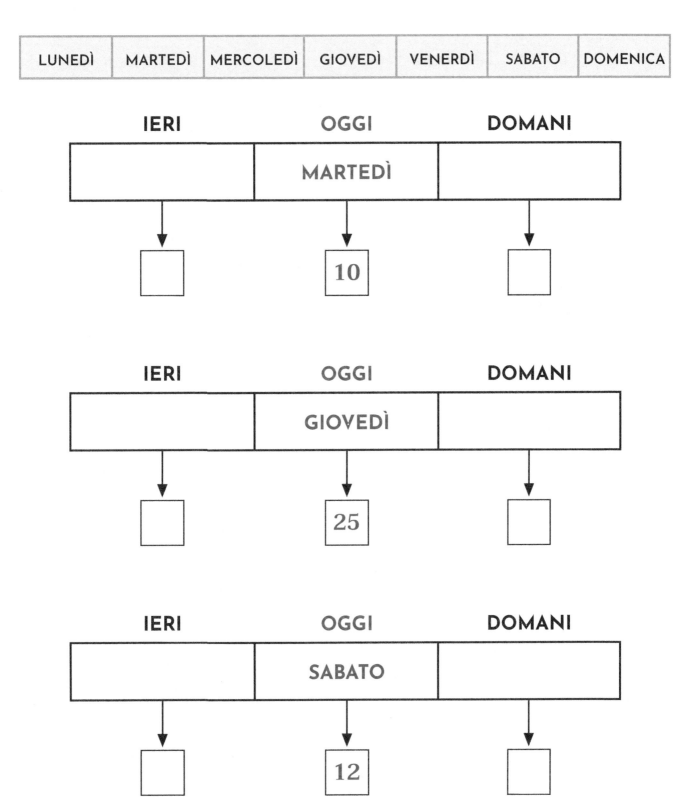

IERI	OGGI	DOMANI
	MARTEDÌ	

| | 10 | |

IERI	OGGI	DOMANI
	GIOVEDÌ	

| | 25 | |

IERI	OGGI	DOMANI
	SABATO	

| | 12 | |

10.5.1 PRONTI VIA...CON IERI · OGGI · DOMANI

Completa gli schemi osservando la linea dei giorni della settimana.

LUNEDÌ	MARTEDÌ	MERCOLEDÌ	GIOVEDÌ	VENERDÌ	SABATO	DOMENICA

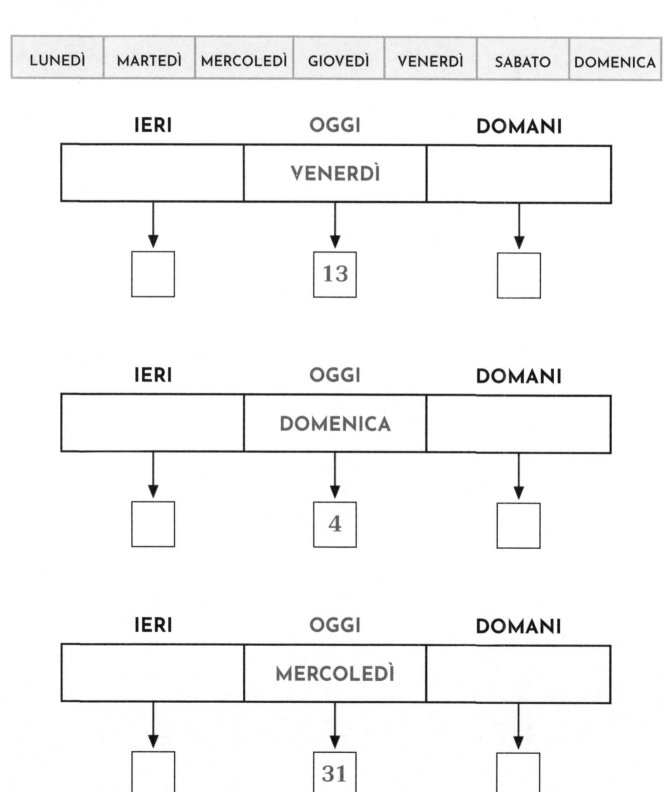

IERI   **OGGI**   **DOMANI**

	VENERDÌ	

| | 13 | |

IERI   **OGGI**   **DOMANI**

	DOMENICA	

| | 4 | |

IERI   **OGGI**   **DOMANI**

	MERCOLEDÌ	

| | 31 | |

11 - IL PENSIERO COMPUTAZIONALE

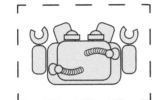 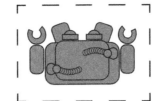 

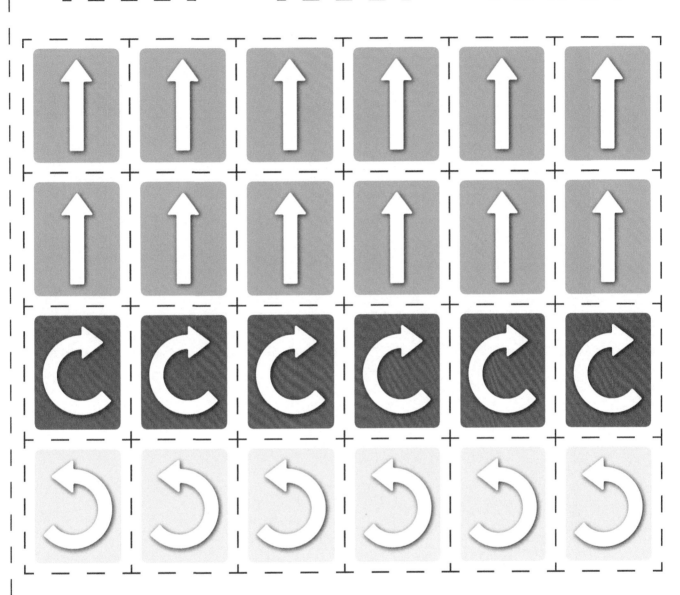

193

 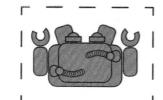 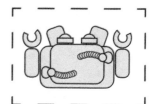

11.1 PRONTI VIA...CON CODY ROBY (esempio)

Ritaglia il modello di Roby a pagina 193 e seguendo le indicazioni del codice muovilo in tabella nella giusta direzione. Colora il percorso effettuato.

CODICE ESPLICATIVO

RUOTA A SINISTRA   VAI AVANTI   RUOTA A DESTRA

CODICE DA ESEGUIRE

	1	2	3	4
A				
B				
C				
D			PARTENZA	

IN QUALE CASELLA È ARRIVATO ROBY?

Roby è arrivato in A3

195

Ritaglia il modello di Roby a pagina 193; segui le indicazioni del codice e muovilo nella giusta direzione. Colora il percorso effettuato.

CODICE ESPLICATIVO

| RUOTA A SINISTRA | VAI AVANTI | RUOTA A DESTRA |

CODICE DA ESEGUIRE

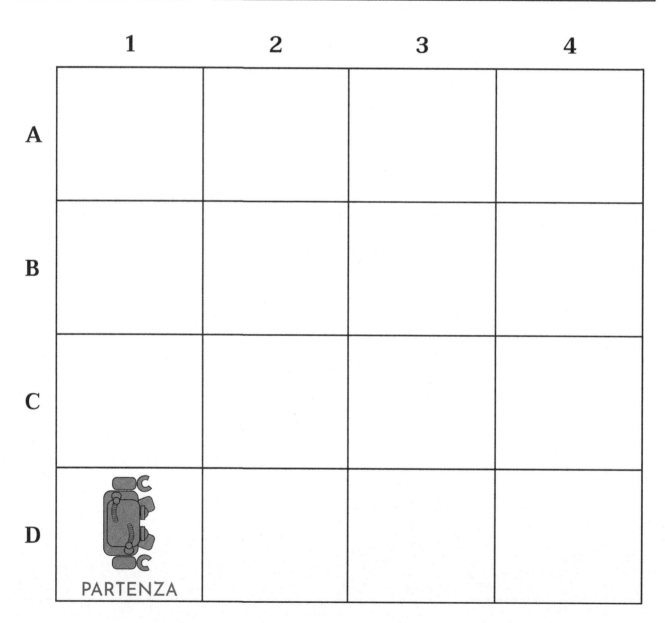

IN QUALE CASELLA È ARRIVATO ROBY?

11.3 PRONTI VIA...CON CODY ROBY 2

 Colora e ritaglia il modello di Roby a pagina 193; segui le indicazioni del codice e muovilo nella giusta direzione. Colora il percorso effettuato.

CODICE ESPLICATIVO

| RUOTA A SINISTRA | VAI AVANTI | RUOTA A DESTRA |

CODICE DA ESEGUIRE

	1	2	3	4
A				
B	PARTENZA			
C				
D				

IN QUALE CASELLA È ARRIVATO ROBY?

11.4 PRONTI VIA...CON CODY ROBY 3

 Ora tocca a te fare l'insegnante. Osserva il percorso effettuato da Roby e costruisci il codice, inserendo nei quadratini sotto la tabella le frecce ritagliate ad inizio capitolo.

	1	2	3	4
A			PARTENZA	
B				
C				
D				

INSERISCI IL CODICE DA ESEGUIRE

Ora tocca a te fare l'insegnante. Osserva il percorso effettuato da Roby e costruisci il codice, inserendo nei quadratini sotto la tabella le frecce ritagliate ad inizio capitolo.

	1	2	3	4
A				PARTENZA
B				
C				
D				

INSERISCI IL CODICE DA ESEGUIRE					

11.6 PRONTI VIA...CON CODY ROBY 5

Ora tocca a te fare l'insegnante. Colora tu il percorso a tuo piacimento e costruisci il codice.

	1	2	3	4
A				
B				
C				
D				

INSERISCI IL CODICE DA ESEGUIRE					

SEZIONE 3

NEUROPSICOLOGICA

12 - POTENZIAMENTO, ATTENZIONE E CONCENTRAZIONE

Osserva le immagini e trova le differenze ponendoci sopra una X

12.1.1 PRONTI VIA...CON LA CONCENTRAZIONE

 Osserva le immagini e trova le differenze ponendoci sopra una X

12.1.2 PRONTI VIA...CON LA CONCENTRAZIONE

Osserva le immagini e trova le differenze ponendoci sopra una X

12.2 PRONTI VIA...CON L'ATTENZIONE

Cerchia tra la serie di immagini quella data.

FIGURA MODELLO

12.2.1 PRONTI VIA...CON L'ATTENZIONE

Cerchia tra la serie di immagini quella data.

FIGURA MODELLO

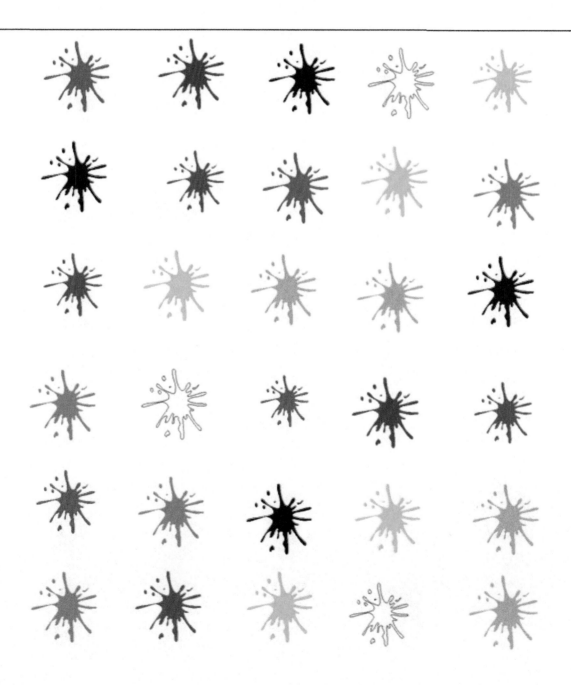

PRONTI VIA...CON L'ATTENZIONE

Cerchia tra la serie di immagini quella data.

FIGURA MODELLO

SEZIONE 4
MOTORIO-PRASSICA

13 - LABORATORIO DEL RICICLO

13.1 PRONTI VIA...CON IL LABORATORIO D'ARTE

 Dato il modello di seguito, riproducilo usando il materiale riciclato. Il procedimento che hai seguito lo verbalizzerai nello schema della pagina seguente, illustrando e descrivendo i passaggi che hai seguito.

OCCORRENTE:

- ☐ un foglio di cartoncino bianco
- ☐ una stecca di ghiacciolo o cartoncino nero
- ☐ pennelli
- ☐ matita e forbici
- ☐ colori per dipingere azzurro, blu e nero
- ☐ tappi di bottiglia di tanti colori e monocolore dorati
- ☐ carta stagnola
- ☐ vaschette di stagnola
- ☐ colla a caldo/stick o biadesivo

13.2 PRONTI VIA...CON IL LABORATORIO D'ARTE METACOGNITIVO

Descrivi i passaggi che hai seguito per realizzare creativamente il paesaggio marino. (Questo è un percorso di metacognizione).

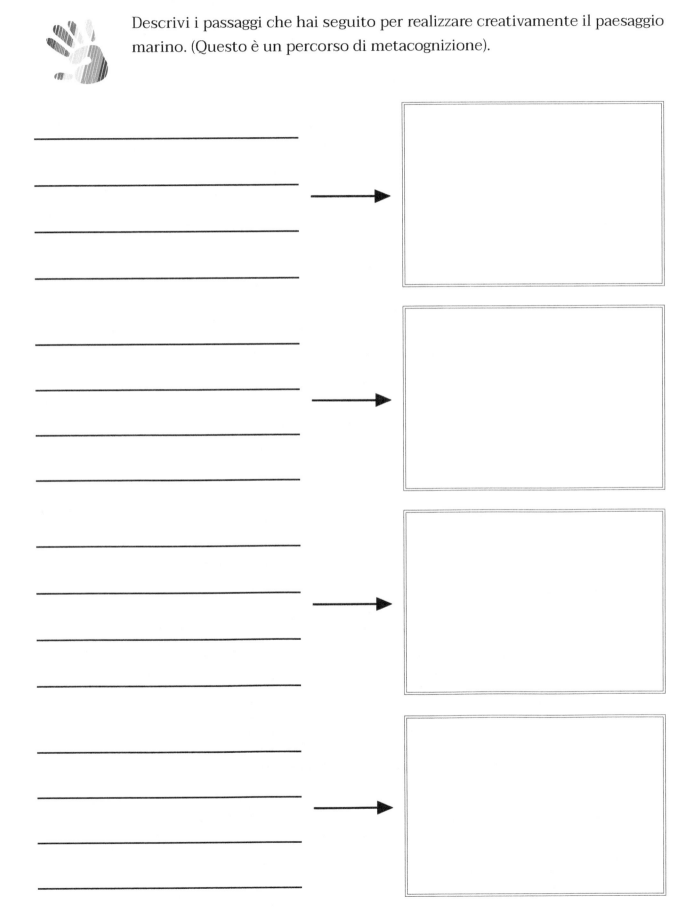

13.3 PRONTI VIA...CON IL LABORATORIO D'ARTE

 Dato il modello di seguito, riproducilo usando il materiale riciclato. Il procedimento che hai seguito lo verbalizzerai nello schema della pagina seguente, illustrando e descrivendo i passaggi che hai seguito.

OCCORRENTE:

- [ ] un foglio di cartoncino (azzurro, giallo, bianco, verde, celestino, marrone)
- [ ] pezzi di stoffa verdi
- [ ] pezzi di stoffa di molti colori
- [ ] fili di lana verde
- [ ] colla vinilica
- [ ] matita e forbici
- [ ] nastrini gialli o bianchi

13.4 PRONTI VIA...CON IL LABORATORIO D'ARTE METACOGNITIVO

Descrivi i passaggi che hai seguito per realizzare creativamente il paesaggio. (Questo è un percorso di metacognizione).

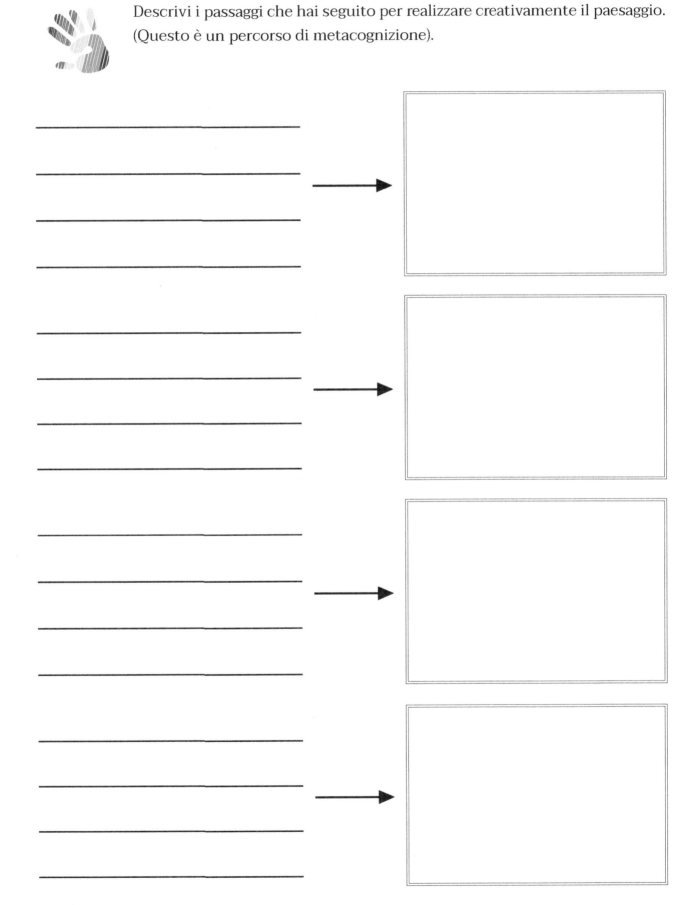

BIBLIOGRAFIA

AA.VV., Le guide Erickson, ADHD a scuola, Strategie efficaci per gli insegnanti. Trento, Erickson, 2013.

AA.VV., Un mare di parole. Attività di lettura e scrittura per il primo ciclo della scuola primaria, Trento, Erickson, 2008.

Caponi B., Clama L., Re A. M., Cornoldi C., Gruppo docenti «Rete Ricerca Infanzia» di Treviso, Sviluppare la concentrazione e l'autoregolazione - Vol. 2 Giochi e attività sul controllo della risposta impulsiva, Trento, Erickson, 2014.

Caponi B., Clama L., Re A.M., Cornoldi C.,Gruppo docenti «Rete Ricerca Infanzia» di Treviso, Sviluppare la concentrazione e l'autoregolazione - Vol. 1, Giochi e attività sul controllo attentivo, Trento, Erickson, 2014.

Caponi B., Clama L., . Re A. M, Cornoldi C., Gruppo docenti «Rete Ricerca Infanzia» di Treviso, Sviluppare la concentrazione e l'autoregolazione - Vol. 3, Giochi e attività sulla memoria di lavoro, Trento, Erickson, 2014.

Cazzaniga S., Re A.M., Cornoldi C., Poli S., Tressoldi P. E., Dislessia e trattamento sublessicale. Attività di recupero su analisi sillabica, gruppi consonantici e composizione di parole, Trento, Erickson, 2005.

Cornoldi C., De Meo T., Offredi F., Vio C., Iperattività e autoregolazione cognitiva. Cosa può fare la scuola per il disturbo da deficit di attenzione/iperattività, Trento, Erickson, 2001.

Edward A. Kirby, Liam K. Grimley, Disturbi dell'attenzione e iperattività. Guida per psicologi e insegnanti, Trento, Erickson, 2013.

Ferraboschi L., Meini N., Recupero in ortografia, Trento, Erickson, 1995.

Horstmann K. e Steer J., Aiutare gli alunni con ADHD a scuola, Strategie per promuovere l'autoregolazione e il benessere in classe, Trento, Erickson, 2012.

Ianes D., Cramerotti S. (a cura di), Alunni con BES - Bisogni Educativi Speciali. Indicazioni operative per promuovere l'inclusione scolastica sulla base della DM 27.12.2012 e della Circolare Ministeriale n. 8 del 6 marzo 2013, Trento, Erickson, 2014.

Marzocchi G. M., Molin A., Poli S., Attenzione e metacognizione. Come migliorare la concentrazione della classe, Trento, Erickson, 2000.

Ministero della Salute, Consensus Conference, Disturbi specifici dell'apprendimento, Roma, 2011.

MIUR, Linee Guida per il diritto allo studio degli alunni e degli studenti con disturbi specifici di apprendimento, ALLEGATO al D.M. del 12 luglio 2011.

Panel di aggiornamento e revisione della Consensus Conference DSA (2007), Raccomandazioni cliniche sui DSA, Bologna, P.A.R.C.C., 2011.

Patricia O. Quinn, Judith M. Stern (a cura di), 50 giochi e attività per ragazzi con ADHD, Trento, Erickson, 2014.

Perrotta E., Brignola M., Giocare con le parole. Training fonologico per parlare meglio e prepararsi a scrivere, Trento, Erickson, 2000.

Ripamonti I. R., Le difficoltà di letto-scrittura 1. Un percorso fonologico e metafonologico, Trento, Erickson, 2011.

Stücke U., Allenare la concentrazione - Volume 2. Giochi e attività per la terza, quarta e quinta classe della scuola primaria, Trento, Erickson, 2014.

Terreni A., Tretti M.L., Corcella P. R., Materiali IPDA per la prevenzione delle difficoltà di apprendimento. Strategie e interventi, Trento, Erickson, 2002.

Tressoldi P.E., Vio C., Il trattamento dei disturbi dell'apprendimento scolastico, Trento, Erickson, 1998.

Trevisi G. , Bernardi C., Celi M., Da Dalt C., Giacomazzi I., Mion A., Antonella Rossi, Serafin E., Zanetti M., Laboratorio di potenziamento dell'attenzione, Volume 1 (5 anni). Giochi e attività per la scuola dell'infanzia, Trento, Erickson, 2012.

Vio C., Marzocchi G. M., Offredi F., Il bambino con deficit di attenzione/iperattività, Trento, Erickson, 1999.

SITOGRAFIA

https://sostegnobes.com

https://www.aifa.it

https://www.aidaiassociazione.com

https://www.adhdbambiniiperattivi.com

ALTRI LIBRI DI ADOLORATAA VANTAGGIATO

DOCENTE DI SOSTEGNO

AGENDA

Inclusività e bisogni educativi speciali

La presente Agenda, in linea con la normativa vigente (L. 104/92 e O.M. 236/93), permette di documentare l'attività programmatoria, didattica e valutativa del docente di sostegno di ogni ordine e grado di scuola (infanzia, primaria e secondaria di 1° e 2° grado). Accoglie la documentazione di **due alunni con bisogni speciali.**

Consente, in particolar modo, di registrare in maniera sistematica e continua le **osservazioni pedagogico-didattiche** inerenti i bisogni educativo-didattici e le potenzialità degli alunni con bisogni speciali, funzionali alla continua regolazione della programmazione, nonché di **documentare l'attività didattica**, dalla progettazione scandita in unità di apprendimento (di cui si riporta modello), alle attività giornaliere nella sezione dedicata al diario di bordo.

È inoltre prevista una sezione dove si registrano le **osservazioni sui processi di apprendimento** degli alunni, quale bussola importante per una didattica sempre più flessibile e adeguata ai loro bisogni, le **informazioni relative agli interventi individualizzati**, e i **risultati** conseguiti in relazione agli obiettivi e ai contenuti riportati nel Piano Educativo Individualizzato (PEI).

Infine è presente una sezione riguardante gli **incontri con l'Equipe Multidisciplinare**, i **verbali di valutazione** con esito dello scrutinio, l'**orario dei docenti** e la **relazione finale**, con le relative note di orientamento finalizzate al continuo successo formativo degli alunni con bisogni speciali, in continuità con il percorso educativo-didattico già svolto.

ACQUISTA ORA

Printed by Amazon Italia Logistica S.r.l.
Torrazza Piemonte (TO), Italy

51143296R00125